세상이 함께 쓴 삶의 지혜

인생

세상이 함께 쓴 삶의 지혜

인생

전인류 지음 / 문화집단 내일 기획

가갸날

책을 펴내며

이 책의 지은이는 전 인류다. 온 세상 사람들이 공동저자라는 의미다. 물론 상징적인 표현이다.

이 책의 기획을 떠올린 지는 퍽 오래되었다. 평범한 대중의 눈높이에 맞춘 철학서를 펴내보자고 몇몇이 의기투합한 적이 있었다. 십수 년 전의 일이다. 그때부터 자료를 모으기 시작했다.

다시 한번 동기부여가 이루어진 것은 '거대사'Big History라는 개념을 접하면서였다. 언어를 매개로 한 '집합적 학습'에서 인류의 근원을 찾는 대목이 이 책의 얼개를 구성하는 데 도움을 주었다. 집합적 학습은 필연적으로 집단지성으로 나아가기 마련이다.

오늘날까지 남아 있는 집합적 학습 혹은 집단지성의 빛나는 사례는 구비문학일 것이다. 고대세계의 대표적인 문학작품들은 수세대에 걸쳐 입에서 입으로 구전되며 완성된 체계를 갖추었다.

문자시대에 들며 힘을 잃은 협업적 집단지성의 전통은

디지털 시대에 와서 화려하게 부활하고 있다. 그 주된 마당은 인터넷이다. 이용자들이 직접 참여해 만드는 위키피디아 같은 것이 대표적이다.

수많은 사람들이 자신의 글을 인터넷에 올려 다른 사람들과 공유하곤 한다. 감동적인 글은 순식간에 다른 사이트로 퍼져나간다. SNS는 그 속도에 불을 붙인다. 인터넷을 떠도는 가운데 살이 붙고 완성도를 높여가는 경우도 많다. 마치 구비문학의 시대처럼.

이 책에 실린 글은 동서양의 신화, 전설, 고전에서부터 인터넷을 통해 모은 최신 자료까지 다양하다. 기획 초기에는 주로 고전에서, 후반에는 전 세계의 웹사이트를 항해하며 자료를 찾았다.

이 책의 기획의도는 평범한 사람들의 정서와 눈높이에 맞는 철학서다. 자료를 모으면서 우리는 '한 사람의 천재보다 머리를 맞댄 대중이 훨씬 지혜롭다'는 말을 실감하였다. 수십, 수백만 명의 집단지성이 마치 '지혜로운 거인'처럼 느껴지는 것은 독자들 역시 마찬가지일 것이다.

디지털 세상에는 국경이 없다. 이 책은 특정 국가, 특정 지역을 뛰어넘어 21세기 초 우리 시대의 인류가 생각하는 보편적인 인생철학을 담고 있다. 지은이를 표기하지 않은 글은 모두 다중에 의한 집단지성의 산물이라 할 수 있다. 그럼에도 혹여 불가항력으로 원작자를 밝히지 못한 사례가 있을 수 있다. 확인되는 대로 사실을 바로잡음은 물론, 응분의 예우를 갖출 것임을 밝힌다. 아울러 이 책에 실린 글들이 멈추지 않는 생명력으로 더욱 자라나기를 바라는 마음 간절하다.

이 책과 짝을 이루어《내 삶을 바꾼 짧고 깊은 이야기》가 출간되었다. 같은 기획의도 아래 이야기 구조를 갖춘 산문만을 모은 책이다.

독자들이 공감할 수 있기를 바라는 마음으로 조심스레 세상에 내놓는다.

2016년 6월
문화집단 내일

차 례

005   책을 펴내며

가족
017   가족은 한 권의 책
018   어머니는 누구인가
020   누군가는 말한다
024   어머니의 높이
025   엄마의 고백
026   세상에서 제일 큰 사랑
027   내 영혼의 문을 열 유일한 사람, 어머니
028   신의 걸작품, 아버지
029   아버지의 사랑
030   아버지처럼 되고 싶어요
032   아빠의 열 가지 약속
034   아이의 인생은 빈 페이지
036   여자의 힘

벗

043 벗의 약속

044 희생이 없는 우정은 없다

045 친구

047 벗의 초상

049 즐거운 여행

050 진정한 벗

051 우정은 간계를 필요로 하지 않는다

053 벗

054 우정

056 영원한 벗

사랑

061 최장수 사랑법

062 삶의 선물

063 행복한 결혼을 위한 레시피

064 일곱 걸음 속 사랑

066 당신을 사랑합니다

068 조금씩 오래 사랑해 주세요

072 들에서 만난 애인의 노래

074 내 삶의 위대한 선물

076 사랑은 눈뜬장님

078 당신께 드리는 약속

079   사랑을 위하여

080   심장의 지문

081   아무도 우리를 대신할 수 없다

죽음

085   마지막에 웃는 삶

086   삶은 여행길

087   젊음을 유지하는 열 가지 방법

089   지금의 나이를 축복하라

091   죽음은 아무것도 아니라네

093   태어나기 괴로우니

094   노부인의 노래

098   당신이 나를 기억하기 때문에

099   인생은 한 잔의 차

성공

103   인생론 십계

105   한푼도 들지 않는 여덟 가지 선물

107   승자와 패자

109   실패는 성공의 어머니

112   삶을 위한 22가지 힌트

117   가장 중요한 것 열 가지

118   습관

120 벤자민 프랭클린의 13가지 성공 원칙

122 할 수 있다

124 멈추지 말라

126 생각이 곧 말이 된다

교훈

131 세상을 바꾸고 싶었지

132 자신과 약속하라

134 쉬운 일, 어려운 일

138 과녁을 향한 화살

139 긍정적인 태도

141 삶이 짧은 게 아니다

142 행운을 부르는 45가지 토템

146 진주 같은 지혜

148 삶의 황금률

149 삶의 레시피

150 인격

151 남자와 여자

153 내가 배운 것들...

155 나는 배웠다

행복

163 행복의 비밀

165   감사할 줄 아는 삶

167   어떻게 살 것인가

169   행복해지는 법

171   언젠가 나는

172   작은 일에도 감사하자

174   아일랜드 구전가요

175   아무도 보는 사람 없는 듯이

176   행복의 값

177   웃음

179   선생님의 약속

180   영혼의 음악

181   기초 없이 세운 집

182   삶은 선물

시간

187   따로따로 하루를 살자

189   삶은 경주가 아니다

191   오늘 할 일을 내일로 미루지 말라

193   시간의 가치

194   오늘을 시작하며

197   오늘은 특별한 시간

199   어떤 오늘을 살 것인가

201 시간이라는 이름의 은행

꿈

207 작은 것이 세상을 바꾼다
209 꿈
210 우리가 모르는 것
211 힘과 용기
213 희망
215 삶은 우리 이력서
216 대나무처럼
217 삶을 붙들어라
218 동행
219 지도자의 자세
221 인류의 운명은 어린이 손에

가족

신이 모든 곳에 있을 수 없었으므로 어머니를 만들었다.

- 유대 속담

가족은 한 권의 책

가족은 한 권의 책이다. 아이들은 책의 낱장이고, 부모는 낱장 하나하나의 아름다움을 보호하는 표지다.

책의 낱장들은 처음에는 비어 있고, 순수하기 이를 데 없다. 그러나 시간이 흐름에 따라 기억이 쓰이고, 그림이 그려진다.

사랑은 신뢰를 봉해 놓은 황금 자물쇠이니, 부디 깨뜨리지 말라. 낱장들이 흩어져 달아나지 않도록.

어머니는 누구인가

어머니는 기억 속에만 머물지 않는다. 어머니는 살아 있는 존재다. 어머니는 항상 우리와 함께한다.

어머니는 우리가 길거리를 걸을 때 들려오는 나뭇잎의 속삭임이다. 어머니는 우리가 기억하는 음식 내음, 추억 어린 꽃 내음, 어머니가 즐겨 바르던 향수 내음이다.

어머니는 우리가 아플 때 이마를 짚어주던 약손이다. 어머니는 추운 겨울날의 공기를 가르던 우리의 숨결이다.

어머니는 안온한 잠 속으로 이끌어주던 빗소리이자 무지개의 찬란한 색깔이다. 어머니는 우리의 생일날 아침이다. 어머니는 우리의 웃음 속에 산다. 우리 모두의 눈물 방울 안에 맺혀 있다.

어머니는 우리의 고향이고, 첫 번째 집이다. 우리가 내딛는 모든 발걸음을 안내하는 지도다. 우리의 첫 사랑, 첫 친구이자 첫 번째 적이다.

아무도 어머니와 우리를 떼어놓을 수 없다. 시간도,
공간도, 죽음조차도!

- 미국 소설가 템플 베일리가 1933년에
《굿 하우스키핑 매거진》에 발표한 글.

누군가는 말한다

누군가는 말한다 - 어머니는 자궁 속에 열 달을 품어 아이를 키운다고.

그는 어머니가 당신의 가슴 속에 평생 자식을 품고 지낸다는 사실을 모르는 사람이다.

누군가는 말한다 - 아이를 낳은 후 정상적인 몸매로 돌아가려면 6주가 걸린다고.

그는 한번 어머니가 되고 나면, 정상적인 몸매는 역사 속에나 있는 것임을 모르는 사람이다.

누군가는 말한다 - 어머니가 되는 법은 본능으로 배운다고.

그는 세 살배기 아이를 데리고 쇼핑을 해본 적이 없는 사람이다.

누군가는 말한다 - 어머니 노릇은 지루한 일이라고.

그는 운전면허를 갓 취득한 청소년이 모는 차를 타본
적이 없는 사람이다.

　누군가는 말한다 - 선한 어머니 밑에서 선한 자식이
나는 법이라고.
　그는 아이에게 지휘와 보증이 필요하다고 생각하는
사람이다.

　누군가는 말한다 - 좋은 어머니는 목소리를 높이는 법이
없다고.
　그는 아이들이 야구공으로 이웃집 창문을 깨뜨리는
장면을 한번도 본 적이 없는 사람이다.

　누군가는 말한다 - 어머니 노릇을 하는 데는 교육이
필요하지 않다고.
　그는 초등학교 4학년짜리의 수학 공부를 도와준 적이
없는 사람이다.

　누군가는 말한다 - 셋째 아이는 첫째 아이만큼 사랑할

수 없다고.

그는 세 아이를 둔 적이 없는 사람이다.

누군가는 말한다 - 어머니는 자녀 양육에 필요한 모든
해답을 책에서 찾아낼 수 있다고.

그는 코에 동전을 쑤셔넣는 아이를 둔 적이 없는
사람이다.

누군가는 말한다 - 어머니가 되는 데 가장 힘든 일은
분만이라고.

그는 유치원 가는 첫날 버스를 타는 아이도 신병
훈련소로 떠나는 자식도 지켜본 적이 없는 사람이다.

누군가는 말한다 - 자식이 결혼하고 나면 어머니의
걱정은 끝이라고.

그는 결혼이 어머니의 가슴속에 새 아들이나 딸이
들어와 자리잡는 과정임을 모르는 사람이다.

누군가는 말한다 - 막내가 집을 떠나면 어머니의 일은

다 마친 셈이라고.

그는 손주를 둔 적이 없는 사람이다.

누군가는 말한다 - 어머니는 우리가 당신을 사랑하는 것을 잘 알기 때문에 굳이 어머니께 사랑한다는 말을 할 필요가 없다고.

그는 어머니가 아닌 게 분명하다.

어머니의 높이

어떤 화가의 붓도 어떤 시인의 펜도
어머니라는 이름과 명성에 걸맞은
공정한 기록을 남기지 못했으니,
채 절반의 높이에도 이른 적 없다네.

엄마의 고백

맨 처음 너를 보았을 때는 숨이 멎을 뻔했지.
맨 처음 네가 말을 건넬 때는 생각이 멈추어버렸고,
네가 데이트를 신청했을 때는 응답조차 할 수 없었다.
네 손길이 닿을 때 내 몸은 전율을 느꼈으며,
우리가 첫 키스를 나눌 때는
마치 꿈속을 떠가는 것 같았단다.
서로 손을 잡아주고 껴안고 입을 맞추던 모든 순간이
마법의 시간 같았지.
다시 한 번 온몸에 소름이 돋았단다.
너를 잃을까 두려워 절대 혼자 놔두고 싶지 않구나.
그래서 잠시도 너를 떼어놓지 못하고,
매일 더 꼭 껴안아주곤 한단다.
너와 함께 있을 때,
벅차오르는 내 가슴속의 온기를 너는 알지 못할 거야.
너는 내가 원하던 전부란다.

세상에서 제일 큰 사랑

 어머니가 자신의 아이에게서 느끼는 사랑보다 더 큰 사랑은 세상에 없다.
 어머니는 자식을 위해 눈물 흘리고, 노심초사할 뿐 아니라, 목숨까지 내놓는다.

내 영혼의 문을 열 유일한 사람, 어머니

당신을 향한 제 사랑은
끝을 모릅니다.
세월이 가도 변치 않고 영원합니다.
당신이 얼마나 제 삶을 풍요롭게 해주었는지,
하나하나 말로 표현하기에는 모자랍니다.
당신의 눈을 들여다보는 순간,
제가 당신과 얼마나 강렬하게 연결되어 있는지,
느낄 수 있었습니다.
당신의 영혼에 빨려들어가는 것 같은 경험을
아직 한번도 겪어본 적이 없습니다.
당신은 제 영혼의 문을 열 수 있는 유일한 사람입니다.

신의 걸작품, 아버지

신이 위대한 것들을 하나씩 불러내었다.
산의 강한 힘,
나무의 위풍당당함,
여름 태양의 따뜻함,
고요한 바다의 평온,
자연의 자애로운 영혼,
밤의 안락한 팔,
역사의 지혜,
독수리의 힘찬 비행,
봄날 아침의 즐거움,
영겁의 세월이 지닌 인내,
가족이 가장 절실히 필요로 하는 것,

이것들을 한데 결합하였더니
더 이상 추가할 게 없었다.
드디어 그는 자신의 걸작이 완성되었음을 깨달았다.
그리고 이렇게 이름붙였다 - 아버지.

아버지의 사랑

당신은 제게 너무도 소중한 존재입니다.
당신이 언제나 제 가슴속에 있다는 걸
아셨으면 싶어요.
제가 어디에 있더라도 말이죠.

당신은 언제나 베풀어주셨고
언제나 도움이 필요한 자리에 계셨지요.
당신이 제게 나누어주신 사랑은
결코 갚을 수 없을 거예요.

당신이 베풀어주신 사랑이 없었다면
어떻게 지금의 제가 있을 수 있겠어요.
당신의 크나큰 사랑을 소중히 간직하겠어요.
제가 살아 있는 한.

아버지처럼 되고 싶어요

"아들아, 나중에 커서 어떤 사람이 되고 싶니?
의사, 변호사, 아니면 대중을 울고 웃게 만드는 위대한 배우?"
아들은 머리를 저었다.
그리고 진지한 태도로 대답했다.
"저는 그런 사람이 되고 싶지 않아요. 아빠처럼 되고 싶어요."

아들이 자신의 아버지 같은 사람이 되고 싶답니다.
하던 동작을 잠시 멈추었을 때,
문득 느낀 적 없나요?
당신의 모든 움직임을 지켜보고 있던 아들이
삶의 규범을 만들어가고 있는 중이라고.
아들은 당신을 모델 삼아 삶을 빚고 있는 것입니다.
그것이 훌륭한 삶일지 나쁜 삶일지는
자신의 아버지처럼 되고 싶은 아이에게
당신이 어떤 본보기인지에 달려 있습니다.

당신이 다녔던 모든 곳을 아들이 다니도록 놔둘 것
인가요?

당신이 했던 모든 일을 아들이 하도록 시킬 것인가요?

당신이 보았던 모든 것을 아들이 보도록 하고 싶은가요?

당신이 방황하던 대로 아들도 방황하게 할 것인가요?

사랑스런 어린 아들의 눈에서

당신을 향한 흠모의 눈길을 발견했을 때,

아들이 원하는 대로

아버지 같은 사람으로 자란다면 만족할 수 있나요?

그것은 당신 외에는 누구도 채울 수 없는 일입니다.

그것은 당신이 답해야 할 몫입니다.

아들이 성인의 문에 도달하기 전에

나아갈 길을 보여주는 것은 당신의 의무입니다.

이 땅에 살면서 누려온 모든 즐거움은 당신의 빚입니다.

자신의 아버지처럼 되고 싶어하는

아이를 키우는 즐거움!

아빠의 열 가지 약속

1. 내가 원하는 아이가 아니라, 타고난 성품과 지금 모습 그대로의 아이를 사랑하고 존중할 것이다.

2. 아이가 자라고 꿈꾸고 성취하고 더러는 실패하기도 하는 공간을 제공할 것이다.

3. 사랑이 넘치는 가정 환경을 만들고, 항상 최선을 다해 아이에게 사랑을 베풀 것이다.

4. 꾸지람이 필요할 때는 아이 자신이 아니라, 그가 한 일이 탐탁지 않아서임을 알려줄 것이다.

5. 한계를 설정해 둠으로써, 아이가 자신에게 적절한 지식 범주 안에서 안도할 수 있도록 도울 것이다.

6. 아이를 위해 짬을 내고, 함께하는 시간을 소중히 할 것이다. 그 시간들은 눈깜짝할 사이에 스쳐가고 마는 것이기에.

7. 부모 자식 사이라는 것을 명심하면서, 아직 어린아이가 감당하기에 벅찬 짐을 지우는 일은 하지 않을 것이다.

8. 아이가 세상과 세상의 모든 가능성을 체험하도록 격려할 것이다. 두려움을 떨쳐내고, 사려 깊은 아이로서 어떤 고통도 이겨내며, 자신의 길을 가도록 안내할 것이다.

9. 육체적으로 정신적으로 나 자신을 돌봄으로써, 아이가 나를 필요로 할 때 소용에 닿는 사람이 될 것이다.

10. 아이가 자라서 사랑, 공평무사, 도덕, 자비, 희망의 마음을 지닌 사람이 되기를 바라는 만큼, 나 자신이 먼저 그런 사람이 되도록 노력할 것이다.

아이의 인생은 빈 페이지

아이의 인생은 빈 페이지!
제일 먼저 무슨 말을 해주어야 할까?

입 닥쳐!
내 앞에서 꺼져.
저리 가서 놀아.
만지지 마!

부모들이 자주 쓰는 말이다.
이런 말은 두려움을 가르친다.
못마땅한 감정을 드러낸다.
"네가 마음에 들지 않아"라고 말하는 것과 진배없다.

온화하고 아름다운 말을 사용하자.
높은 도덕 원리가 담긴,
실의에 빠졌을 때 용기를 북돋워주는,

잘한 일에 긍지를 갖게 하는 말을 들려주자.
사랑이 담긴 말을 건네자.

멋진데, 우리 아들!
참 잘했다.
걱정하지 마.
네가 참 자랑스럽다.

자녀가 성장하면 아이의 모습을 통해
아이의 빈 페이지에 써넣은 말을 보게 될 것이다.
자신이 자랑스러워할 말을 써넣자.

여자의 힘

여자는 남자를 놀래키는 힘을 지니고 있다.
고통을 겪고 삶의 무게에 힘겨워하면서도,
행복해 하고 사랑하고 즐긴다.
고함지르고 싶을 때는 웃음짓고,
울고 싶을 때는 노래한다.
행복할 때는 울고, 초조할 때는 미소짓는다.

그들은 신념을 위해 싸운다.
불의에 당당히 맞선다.
더 나은 해결책이 있다고 믿을 때는
'안된다'는 답을 거부한다.
가족이 배불리 먹을 수 있도록
남은 밥으로 끼니를 때우고,
겁에 질린 친구를 위해 함께 병원에 간다.

그들의 사랑은 조건이 없다.

아이가 뛰어난 성적을 거두었을 때는 눈물 흘리고,
친구에게 좋은 일이 생기면 축하해 준다.
아이의 탄생이나 결혼 소식을 들으면 행복해 하고,
이웃이 세상을 뜨면 가슴이 미어진다.
가족이 죽으면 깊은 비탄에 빠지지만,
아무런 힘조차 남지 않은 듯이 느껴지는 순간에도
여전히 강하다.
추스를 수 없어 보이는 상황도 잘 갈무리한다.

여자의 손길은 어떤 질병도 낳게 한다.
그들은 포옹이나 입맞춤이
상처받은 마음을 치유해 준다는 것을 안다.
여자는 모양, 크기, 색깔이 제각각이다.
얼마나 당신을 생각하는지 보여주기 위해,
그들은 차를 몰고, 하늘을 날고, 걷고, 달리고,
이메일을 보낼 것이다.

여자의 마음은 세상을 돌게 하는 버팀목이다.
그들은 즐거움과 희망과 사랑을 가져온다.

그들은 연민과 이상을 가지고 있다.

그들은 가족과 친구들을 정신적으로 성원한다.

여자는 놀라운 생명력과 베푸는 능력을 가지고 있다.

벗

벗은 두 몸속에 사는 하나의 영혼이다.

- 아리스토텔레스

벗의 약속

네가 말하고 싶어할 때는 네 말을 들어줄게.

네가 울고 싶어할 때는 안아줄게.

네가 방황할 때는 길을 안내해 줄게.

네가 화를 낼 일이 있을 때는 내가 받아줄게.

네가 두려워할 때는 위로해 줄게.

네가 비난받을 때는 변호해 줄게.

네가 기대고 싶어할 때는 어깨를 내어줄게.

네가 자신 없어할 때는 너의 확신이 되어줄게.

네가 외로워할 때는 네 곁을 떠나지 않는 벗이 되어줄게.

희생이 없는 우정은 없다

벗을 갖는 것은 가장 소중한 선물을 갖는 것이다. 우정은
매일 진지하고 애정어린 영혼 교육을 체험하게 한다.
벗은 우리가 스스로를 잃어버렸을 때도 우리를 기억한다.
벗이 자신감을 불어넣어 주기에 당황하지 않게 된다.
벗은 우리의 일, 우리의 건강, 우리의 목표, 우리의 계획을
세심히 살펴준다. 벗이 힐책해도 성나지 않는다. 벗이
침묵을 지켜도 우리는 이해한다...

벗이 되는 데는 위대한 영혼이 필요하다. 많이 용서
하고... 많이 잊고... 많이 참아야 한다. 시간, 보살핌, 용기,
인내, 사랑이 따라야 한다. 때로는 벗을 위해 우리 삶의
일부를 포기해야 한다. 자기 희생이 없는 진실한 우정은
없다. 벗을 만드는 데는 시간이 걸리지만, 굳건히 뿌리내린
벗 사이에는 삶도 죽음도 오해도 의심도 개입하지 않게 될
것이다.

친구

맨 밑바닥에 있을 때 가장 사랑하는 게 친구다.

온 세상이 얕잡아 보더라도 우러러보는 게 친구다.

자신의 발끝을 밟고 일어설 수 있도록 돕는 게 친구다.

참된 우정의 의미를 보여주는 게 친구다.

언제나 정직하게 처신하는 게 친구다.

모든 결점을 알지만, 개의치 않는 게 친구다.

다른 사람들과 달리, 틀렸을 때 지적해 주는 게 친구다.

상대방을 무시할 때가 아니라 스스로를 무시할 때, 불평하는 게 친구다.

우리가 거둔 성과뿐 아니라 손실에 대해서도 알려고 하는 게 친구다.

적 이상으로 귀찮게 하는 게 친구다.

우리가 인사 받을 때는 뒤에 서고, 야유 받을 때는 옆에 서는 게 친구다.

우리가 완전히 실패했을 때, 떠나지 않고 자신이 가진 것을 나누어주는 게 친구다.

최고의 무료 보도 요원이 친구다.

우정을 위해 목숨을 내놓을 만큼 위대한 사랑의 소유자가 친구다.

벗의 초상

살면서 부딪치는 모든 문제, 의심, 두려움을 내가 해결해 줄 수는 없다.
다만 네 말을 들어주고, 함께 해답을 찾으려 애쓸 수 있을 뿐.

과거의 상처와 고통은 물론 네 미래의 펼쳐지지 않은 이야기들을 내가 바꿀 수는 없다.
다만 위로가 필요할 때, 네 곁에 머물 수 있을 뿐.

내가 네 발걸음이 휘청거리지 않게 해줄 수는 없다.
다만 손을 내밀어 네가 넘어지지 않게 해줄 수 있을 뿐.

너의 기쁨, 승리, 성공, 행복은 내 것이 아니다.
다만 너와 함께 웃음을 나눌 수 있을 뿐.

네가 살면서 내리는 결정은 내 것이 아니다.

다만 네가 부탁할 때, 너를 지원하고 격려하고 도울 수
있을 뿐.

나는 네가 우정, 너의 가치, 그리고 내게서 멀어지지
못하게 할 수는 없다.
다만 너를 위해 기도하고 일러주고 기다릴 뿐.

내가 네 삶의 범주를 정해 줄 수는 없다.
다만 변화하고 성장하고 자아를 형성하는 공간을 마련
해 줄 수 있을 뿐.

네 가슴이 아프지 않고, 상처받지 않도록 내가 막아줄
수는 없다.
다만 함께 울어주고, 네가 평정심을 되찾도록 도울 수
있을 뿐.

네가 누구인지 내가 말해 줄 수는 없다.
다만 너를 사랑하고, 네 벗이 될 수 있을 뿐.

즐거운 여행

인생은 기차를 타고 달리는 여행과 같다.
자리마다 한 쌍의 여행자들이 앉아 있다.
나는 어쩌면 전 여정 동안 당신 옆에 앉아 있을 수 있다.
혹은 당신을 전혀 모른 채로
딴 자리에 앉아 있을 수도 있다.
그러나 운명이 우리를 옆자리에 앉도록 정해 두었다면,
즐거운 여행자가 되자.
참으로 짧은 여행길이니.

진정한 벗

진정한 벗은 빗속에서 함께 춤출 수 있는 사람이고,
폭풍 속을 함께 걸을 수 있는 사람이다.

우정은 간계를 필요로 하지 않는다

우정은 억지로 꾸민 글귀, 다듬은 얼굴, 이기려는 간계를 필요로 하지 않는다. 우정은 후한 칭찬을 멀리 한다. 우정은 표피적인 웃음을 띠지 않는다.

우정은 자연의 어법을 따르고, 감언이설을 피하고, 진실과 거짓을 분명히 끊어내며, 마음의 언어를 들려준다.

우정은 조건 없이 베풀고, 편협한 신념을 거부하고, 자신의 임무를 즐거이 수행함으로써, 적절한 말이 되고, 적절한 행동이 된다.

우정은 미약하고 지친 몸에 힘을 북돋워주고, 소심한 영혼에 용기를 주고, 잘못된 일에 경고를 보내고, 음울함을 밝게 해주고, 무덤에 이르는 길을 가지런히 매만져준다.

우정, 순수하고 이기적이지 않은 우정은 수명이 다할

때까지 사람과 사람 사이의 관계를 잘 자라도록 보살피고,
강하게 해주고, 넓히고, 늘여준다.

벗

벗은 가슴속에 담고 있는
모든 것을 털어놓을 수 있는 사람이다.
부드러운 손길로 키질하여
한데 섞여 있는 왕겨와 알곡을 분리해 냄으로써
보존할 가치가 있는 것은 잘 갈무리하고,
나머지는 친절한 숨결로 날려보낼 것을 믿으면서.

- 아랍 속담

우정

네가 카페인 없이 하루를 시작할 수 있다면,

네가 각성제 없이 지낼 수 있다면,

네가 항상 명랑하고 모든 고통을 이겨낼 수 있다면,

네가 네 문제로 불평하거나 사람들을 따분하게 만들지 않는다면,

네가 매일 같은 음식을 먹으면서도 감사할 수 있다면, 네가 사랑하는 사람이 너무 바빠 시간을 내어주지 못해도 이해할 수 있다면,

네 잘못이 아닌 일로 일이 잘못되었을 때, 사랑하는 사람이 화를 내더라도 네가 평정심을 잃지 않을 수 있다면,

네가 화내지 않고 남을 비판할 수 있다면,

친구가 많이 배우지 못한 것을 무시하지 않고, 실수를 지적하려 하지 않을 수 있다면,

가난한 친구보다 부유한 친구 사귀기를 멀리할 수 있다면,

네가 거짓말과 속임수 없이 세상을 마주할 수 있다면,

네가 의학의 도움을 빌지 않고 긴장을 극복할 수 있다면,
네가 술을 마시지 않고 마음의 휴식을 얻을 수 있다면,
네가 약을 먹지 않고 잠들 수 있다면,
네가 신념, 인종, 종교, 정치에 전혀 편견이 없다고 마음
깊이 정직하게 말할 수 있다면,

그러면 친구야, 너는 반려동물만큼이나 좋은 사람이다.

영원한 벗

우리는 세상을 살아가면서 때로는 특별한 벗을 찾게
된다. 우리 삶의 일부가 되어 우리의 삶을 바꾸어줄 사람,
끊임없이 우리를 웃게 만드는 사람, 세상이 아름답다고
믿게 만드는 사람, 우리가 열어주기를 기다리는 잠기지
않은 문이 반드시 있음을 확신시켜주는 사람. 다름아닌
영원한 우정이다.

너무 우울해 세상이 어둡고 텅 비어 보일 때, 영원한
벗은 기운을 북돋움으로써 어둡고 빈 세상을 돌연 밝고
충만하게 해준다. 영원한 벗은 우리가 곤경과 슬픔, 혼돈의
시기에서 헤어나도록 도와준다. 우리가 돌아서 가더라도
영원한 벗은 묵묵히 따라와 준다. 우리가 길을 잃으면,
영원한 벗은 격려하며 길을 안내해 준다. 영원한 벗은
우리 손을 잡고 모든 것이 잘될 거라고 말해 줄 것이다.

우리가 그런 벗을 가질 수 있다면, 세상사 걱정할 게
없다. 그리하여 우리 삶은 행복하고 완벽해진다. 우리는
영원한 벗을 갖게 된 것이고, 영원에는 끝이 없다.

사랑

이별의 시간이 닥치기까지는
사랑의 깊이를 모르는 법이다.

- 칼릴 지브란

최장수 사랑법

항상 대화하고 타협한다.

서로 이해하고, 상대방의 삶의 방식을 받아들인다.

가진 것과 하고 있는 일에 만족한다.

가정을 소중히 하고, 가족을 위해 헌신한다.

수입 안에서 생활한다.

아내를 보스로 섬기며, 아내의 말을 따른다.

배우자를 늘 이해할 수는 없기에, 지나치게 참견하지
않는다.

무슨 일이든 함께하기 위해 노력한다.

- 84년째 결혼생활을 이어오고 있는 미국 최장수 부부
존 베타(104살)와 앤 베타(100살)가
트위터에서 밝힌 사랑의 비결.

삶의 선물

나 그대에게 삶의 선물을 주지 못했네.
그러나 가슴속에서는 알고 있다네,
내가 느끼는 사랑이 깊고 진실함을.
오래도록 그래 왔던 것처럼.

우리가 서로를 사랑하게 됨은
꿈이 이루어진 것과 같지.
나 그대에게 삶의 선물을 주지 못했네.
삶이 내게 당신이라는 선물을 주었네.

행복한 결혼을 위한 레시피

서로 배려하는 두 마음을 녹여 하나로 결합한다.
사랑을 듬뿍 첨가한다.
존경과 신뢰를 잘 섞는다.
상냥함, 웃음, 믿음, 희망, 즐거움을 첨가한다.
깊은 이해심을 따라 붓는다(인내심을 잊지 않는다).
키스와 약간의 포옹을 뿌려 섞는다.
평생 동안 굽는다.

결과물 : 행복한 한 쌍의 부부

일곱 걸음 속 사랑

우리는 일곱 걸음을 걸었습니다.
당신은 영원한 내 사람이 되었습니다.
우리는 배우자가 되었습니다.
나는 당신의 사람이 되었습니다.
지금부터는 당신 없이 살 수 없습니다.
당신 또한 나 없이는 살 수 없습니다.
기쁨을 함께합시다.
우리는 하나로 통합된 말들이고 의미입니다.
당신은 생각이고 나는 소리입니다.

밤이 우리에게 꿀처럼 달콤하기를.
아침이 우리에게 꿀처럼 달콤하기를.
땅이 우리에게 꿀처럼 달콤하기를.
하늘이 우리에게 꿀처럼 달콤하기를.
농작물이 우리에게 꿀처럼 달콤하기를.
태양이 우리에게 온통 꿀이기를.

암소가 우리에게 꿀처럼 달콤한 우유를 생산해 주기를.
하늘과 땅과 산과 전체 우주가
굳건히 그 자리를 지키고 있듯이,
우리의 결합이 영구히 뿌리내릴 수 있기를.

- 힌두교의 결혼 의식에서 신랑, 신부가 읊는 말.

당신을 사랑합니다

당신을 사랑합니다.
당신이 누구라서만이 아니라 당신과 함께 있을 때 비로소 내가 되기 때문입니다.

당신을 사랑합니다.
당신의 삶의 모습 때문만이 아니라 당신이 나를 변하게 만들기 때문입니다.

당신을 사랑합니다.
내 모습의 일부는 당신이 이끌어낸 것입니다.

당신을 사랑합니다.
당신의 손길은 내 심장의 고동소리를 높여주었고, 흐릿하게나마 빤히 보이는 나의 모든 어리석음과 약점을 당신은 모른 체해 주었습니다.
또한 모든 아름다운 것들을 밝은 곳으로 끄집어내었죠.

너무나도 찾기 어려워 아무도 보지 못했던 것이거늘.

　당신을 사랑합니다.
　내 삶의 잡동사니들을 가지고 주막이 아닌 사원을 만들
수 있도록 도와주었기 때문입니다.
　내 일상의 일을 책망이 아닌 노래로 만들어주었기 때문
입니다.

　당신을 사랑합니다.
　나를 선한 사람으로 만들어줄 수 있는 그 어떤 신조보
다도 더, 나를 행복하게 해줄 수 있는 그 어떤 운명보다도
더, 많은 것을 해주었기 때문입니다.

　당신은 해냈습니다.
　한 번의 손길도 없이, 한 마디 말도 없이, 한 번의 신호도
없이, 자연스럽게 해냈습니다.

조금씩 오래 사랑해 주세요

조금씩 오래 사랑해 주세요!
이것이 내 노래의 후렴구입니다.
너무 뜨겁고 강한 사랑은
불타서 곧 사라져버리고 마는 것을.
그래도 그대를 차갑게, 너무 수줍게 대하지는 않겠어요.
너무 대담할 수도 없지요.
노년까지 지속되는 사랑은
급히 빛이 바래지 않을 테니.
조금씩 오래 사랑해 주세요!
이것이 내 노래의 후렴구입니다.

그대가 나를 넘치게 사랑한다고 해도
손길처럼 진실하지는 않을 수 있느니.
그보다는 조금 덜 사랑해 주세요.
파국이 올까 두려워요.
나는 충분히 만족하고 있어요.

흔들림 없는 친구가 되려는
진실한 마음으로
당신이 보내준 작은 것이면 충분해요.
조금씩 오래 사랑해 주세요!
이것이 내 노래의 후렴구입니다.

살아 있는 동안 그대 나를 사랑한다고 말해 줘요.
나 그대에게 내 사랑 바치리니
결코 속이는 일 없을 것입니다.
삶이 계속되는 한
아니, 죽은 이후에도
그대에게 진실할 것입니다.
지금 내 청춘의 황금기에
내 사랑을 확약하나니
조금씩 오래 사랑해 주세요!
이것이 내 노래의 후렴구입니다.

변함없는 사랑은 언제나 지나침이 없고
인생 전체를 관통하나니

그런 사랑을 주세요.

정성을 다해 우리 사랑을 되돌리겠어요.

내게 닥쳐올 역경,

바다와 땅에 불어올 온갖 궂은 날씨에도 불구하고.

기꺼이 영원한 사랑의 포로가 되겠어요.

조금씩 오래 사랑해 주세요!

이것이 내 노래의 후렴구입니다.

겨울 추위나 여름 더위,

가을 폭풍우는 오직 이기기만 할 뿐

패배를 모르나니,

결코 순리를 거스르는 법이 없나니.

그런 사랑을 얻고 싶을 뿐,

그런 사랑을 그대에게 갈구하는 것일 뿐.

그런 사랑을 주세요.

만일 헛된 구애라면,

그대여, 안녕!

조금씩 오래 사랑해 주세요!

이것이 내 노래의 후렴구입니다.

- 블리스 카맨이 엮은 《세계의 명시》*The World's Best Poetry*
2권에 수록된 작자미상의 16세기 영국 시.

들에서 만난 애인의 노래

그대 내 사랑,
그대의 사랑이 내게 권능을 부여하나니,
내 말을 들어보세요.
새들이 떼지어 있는 들로 갔지요,
한손엔 덫을, 다른 손엔 그물과 창을 들고서.
푼트 땅에서 날아오는 새 무리를 보았지요.
이집트 대지 가득 내려앉는 달콤한 향기.
첫 번째 새가 손에서 미끼를 채갔어요.
발톱에 향료를 쥔 채
새는 향긋한 냄새를 풍기고 있었지요.
그러나 사랑하는 그대여,
당신을 위해 새를 놓아주겠어요.
서로 떨어져 있을 때도 그대가
몰약 내음 물씬한 새의 노래를 들었으면 하기 때문이죠.
격렬한 사랑의 감정으로 심장이 불타오를 때,
들로 가면 얼마나 좋을까요.

미끼를 물어 덫에 걸린 거위가 절규하는군요.

하지만 붙잡아둘 수 없어요.

그대의 사랑이 나를 빗가게 혼미하게 하기 때문이죠.

그물을 접겠어요.

어머니께 무어라고 말하죠?

매일 새 한 마리 잡지 못하고 돌아가면서.

그물 치는 데 실패했다고 말하렵니다.

그대 사랑의 그물이 나를 덫에 걸리게 했으니.

- 상형문자로 쓰인 고대 이집트의 사랑 시.

* 푼트Punt : 고대 이집트인들이 지금의 에티오피아, 소말리아 지역
을 가리켜 부르던 지명.

내 삶의 위대한 선물

오늘 당신께 말하고 싶어요,
당신이 내 삶을 채워준 사람임을.
언제나 학수고대하던 당신의 미소,
감싸 안아주기를 갈망하던 당신의 팔,
부드럽게 열정적으로 키스해 주던 당신의 입술.

당신이 알았으면 해요,
당신이 내 심장이 멎도록 만들었음을.
내 영혼을 행복으로 채워주었고,
내 어두운 하늘을 밝혀주었고,
별, 희망 그리고 폭포수 같은 꿈으로
내 삶의 매일 밤낮을 채워주었죠.

당신이 보았으면 해요,
당신이 여기 있어 세상이 지금 얼마나 아름다워 보이는지.
당신의 눈은 하늘을 밝히고,

당신의 손길은 하늘을 수놓고,
당신의 키스는 아름다움, 햇빛, 삶을 실어 나르는
마법의 무지개를 잉태하네.

당신이 이해했으면 해요,
내가 언제나 당신을 사랑했음을.
심지어 내가 당신을 알기 전에도,
우리의 눈길이 처음 마주치기 전에도,
내가 당신에게서 행복, 완벽, 열정을 발견하기 전에도.

만일 내일이 없다면...
당신께 말하겠어요,
당신은 내 삶의 위대한 선물이라고.
당신의 사랑을 그 무엇보다 소중히 하겠어요.
당신의 웃음, 사랑, 우정이
나를 지탱해 주고 있지요.
당신을 잃게 되기 전에
당신을 사랑한다고 말하고 싶어요,
공간과 시간의 벽을 넘어 영원히.

사랑은 눈뜬장님

사랑은 강하고, 사랑은 위대한 것.
완벽한 동반자를 찾는 끝없는 여정.

사랑은 어렵고 심오한 것.
지켜야 할 무언의 말이자 약속.

사랑은 선한 것, 사랑은 눈뜬장님.
열린 마음으로 배우고 즐기는 것.

사랑은 미래, 사랑은 과거.
미래를 위한 파종, 아이들은 그 결실.

사랑은 친절한 것, 사랑은 주는 것.
영혼과 충실한 삶을 나누는 것.

사랑은 상처, 사랑은 고통.

많은 것을 잃고서야 얻을 수 있는 것.

사랑은 달콤한 것, 사랑은 진지한 것.
웃고, 얼굴을 찌푸리고, 울어야 하는 것.

사랑은 기묘한 것.
심장부에서 변경의 넓은 해변까지 미치는.

사랑은 장대한 것.
사랑은 도둑 키스처럼 짜릿하고 달콤한 감정.

사랑은 위험하고 빛나는 것.
서로의 몸이 하나될 때까지 옹송그리며 다가가는 것.

사랑은 빈 틈이 없는 것.
하나로 함께해야 하는 비극이자 마법.

당신께 드리는 약속

당신에게 햇빛 같은 인생을 약속할 수는 없습니다.
부, 재산, 황금을 약속할 수는 없습니다.
우리가 변모하거나 나이 들어가는 것을 피할
쉬운 오솔길을 약속할 수는 없습니다.

그러나 내 마음을 다 바치는 헌신을 약속할 수 있습니다.
당신의 슬픈 눈물을 닦아주는 미소,
언제나 진실하고 영원히 자라나는 사랑,
늘 당신의 손을 잡아주는 손.

- 마크 트웨인

사랑을 위하여

1. 상대가 말하는 것을 방해하지 않는다.

2. 비난하지 않고 말한다.

3. 아낌없이 베푼다.

4. 논쟁하지 않고 대답한다.

5. 가식 없이 감정을 공유한다.

6. 불평 없이 즐긴다.

7. 전적으로 신뢰한다.

8. 조건 없이 용서한다.

9. 반드시 약속을 지킨다.

심장의 지문

우리의 손은 어디에 닿든 지문을 남긴다. 벽, 가구, 문 손잡이, 접시, 책... 지문을 남기지 않을 방법은 없다. 지문을 통해 우리는 스스로의 정체를 남긴다.

내가 어디를 가든 반드시 심장의 지문을 남기게 도와 달라. 이해와 사랑의 연민에서 솟아나는 심장의 지문을. 친절함과 진정한 관심에서 자라나는 심장의 지문을.

나의 마음이 외로운 이웃, 가출한 딸, 분노에 사로잡힌 어머니 혹은 늙은 할아버지에게 가닿을 수 있기를.

심장의 지문을 남길 수 있도록 오늘 나를 보내달라. 누군가가 "당신의 숨결을 느꼈습니다"라고 말할 때, 그들이 내 가슴 깊숙이 자리한 사랑을 느낄 수 있기를.

아무도 우리를 대신할 수 없다

우리는 세상이 우리를 필요로 한다고 생각하지 않을 수 있다. 그러나 세상은 우리를 필요로 한다. 우리 모두 유일한 사람이기 때문이다.

우리 이전에 살았던 사람이나 우리보다 나중에 살아갈 그 누구도 우리의 목소리로 우리의 생각을 전할 수 없다.

스스로의 미소를 짓고 스스로의 빛을 발하라. 아무도 우리의 자리를 대신할 수 없다. 그곳을 채울 사람은 우리 자신뿐이다.

만일 우리가 스스로의 빛을 내며 자신의 자리에 있지 않다면, 얼마나 많은 여행자들이 길을 잃고 말지 누가 알겠는가? 어둠 속 우리의 빈 자리를 지나며.

죽음

인생의 해가 져버렸다고 눈물 흘린다면,
눈물 때문에 밤하늘의 별을 볼 수 없다.

마지막에 웃는 삶

태어날 때 아기는 울고, 주변 사람들은 웃는다.

인생의 마지막에 혼자서 웃고, 다른 모든 사람들이 우는 삶을 살아라.

- 랄프 왈도 에머슨

삶은 여행길

우리 모두에게 삶은 여행이다. 탄생은 이 여행의 시작이며, 죽음은 끝이 아닌 목적지다. 삶의 여행은 우리를 청춘에서 노년으로, 무지에서 지식으로, 어리석음에서 지혜로 이끈다. 유약한 존재에서 강한 사람으로 만들어주지만, 가끔은 다시 유약한 사람으로 되돌리기도 한다. 또한 외로움에서 우정으로, 고통에서 연민으로, 두려움에서 신념으로, 패배에서 승리로, 다시 승리에서 패배로 데려다준다. 삶을 관조해 보면 승리가 높은 곳에 자리하고 있는 것이 아니라, 한 단계 한 단계 여행길을 만들어가는 속에 있음을 알 수 있다.

- 히브리 기도서

젊음을 유지하는 열 가지 방법

1. 불필요한 숫자를 버린다. 나이, 몸무게, 키 같은 것을 일컫는다. 그런 것은 의사가 걱정하면 된다.
2. 쾌활한 친구만 사귄다. 불평이 많은 사람은 사람을 지치게 한다.
3. 언제나 배우는 노력을 계속한다. 컴퓨터, 공예, 원예, 외국어 등 무엇이든 좋다. 뇌를 쉬게 해서는 안된다. 게으른 자는 나쁜 일에 빠지기 쉽다.
4. 사소한 일을 즐긴다.
5. 큰 소리로 자주 오래 웃는다. 배꼽이 빠질 만큼 웃어 보자.
6. 눈물이 날 때는 슬픔을 견뎌 이겨낸다. 온 생애를 함께할 사람은 우리 자신뿐이다.
7. 좋아하는 것으로 주변을 채운다. 가족, 애완동물, 기념품, 음악, 식물, 취미... 가정은 안락한 피난처다.

8. 건강을 소중히 돌본다. 건강이 좋으면 그 상태를 유지하고, 불안정하면 증진시키고, 스스로 건강을 증진시킬 수 없으면 전문가의 도움을 받는다.

9. 건전한 여행을 한다. 쇼핑도 자주 가고 가끔은 해외여행도 다녀온다.

10. 기회 있을 때마다 사랑하는 사람에게 사랑한다고 말한다.

지금의 나이를 축복하라

하늘이 잔뜩 흐려 있는데 빗속에 혼자 남겨져 있다면,
무지개를 찾아보지만
그 찬란한 빛깔이 고통만 가져다준다면,
세상이 제대로 돌아가지 않고
그마저 언제 끝날지 알 수 없다면,
밝은 햇빛을 찾아 헤매지만 사방이 온통 암흑뿐이라면,
주위 사람들은 모두 웃고 있는데 얼굴 찌푸릴 일뿐이라면,
이처럼 온갖 세상살이에 지쳐 있다면,
삶이 우리를 지쳐 쓰러지게 할 때,
눈물방울 너머로 바라보라.
대지의 경이, 손안의 보물 같은 아름다운 꽃송이.
우리를 감싸 맴도는 신선한 공기를 느껴보라.
갓 벤 건초 내음,
공원에서 뛰노는 아이들의 웃음소리와 순진무구.
나무 사이를 훨훨 날아다니는 나비를 떠올려보라.
더운 여름날의 산들바람에 실려온 바다의 속삭임,

혀끝에서 살살 녹는 솜사탕의 향내,

새날을 맞이하는 아침 새의 노래.

껴안으며 속삭이던 어머니의 향기로운 말,

부드러운 입맞춤을 기억하라.

내면의 아름다움을 찾아라.

뒤덮고 있는 구름을 걷어내라.

땅을 내려다보지 말고, 고개를 들어 당당히 하늘을 보라.

삶의 빚을 털어내고, 오직 베푸는 삶을 생각하라.

내일은 잊어라.

그리하여 새로운 인생을 시작하라.

자신에게 줄 수 있는 선물로 지금의 나이를 축복하라.

삶의 흐름을 무시하지 말고, 그 흐름에 삶을 맡겨라.

죽음은 아무것도 아니라네

죽음은 다음 방으로 사라지는 것에 불과하다네.
지금까지 우리가 서로에게 어떤 존재였든,
너는 너, 나는 나...
그것은 지금도 똑같다네.

예전에 부르던 살가운 이름으로 불러주게.
으레 해오던 똑같은 방식으로 말 걸어주게.
말투를 바꾸지 말게.
짐짓 침통해 하거나 슬퍼할 필요 없다네.

작은 농담 하나에도 우린 늘 같이 웃고 같이 즐거워했지.
유쾌히 미소지으며 나를 떠올리고,
나를 위해 기도해 주게.
지금까지 그래 왔듯이,
내 이름이 누구나 입에 올리는 익숙한 이름이 되게
해주게.

꾸미거나 엷은 그림자라도 덧씌우는 일 없이
그저 진솔하게.

삶은 항상 그랬듯이, 모두 다 소중하다네.
언제나처럼 한결같지.
그 연속성은 절대 끊기는 법이 없다네.
죽음이란 무시해도 되는 사건에 지나지 않느니.

나는 잠깐 동안 여러분을 기다리는 것일 뿐.
근처의 아주 가까운 곳 어느 어름에서.
모든 게 다 잘되고 있느니.

- 헨리 스코트 홀랜드

태어나기 괴로우니

태어나지 말라,
죽기 괴로우니.
죽지 말라,
태어나기 괴로우니.

- 원효대사

노부인의 노래

무엇이 보이나요?
무엇이 보이나요?
날 보면 무슨 생각이 드나요?
바보 같고 변덕스러우며
초점 없는 눈빛을 지닌 괴팍한 노인네?
당신들이 제발 좀 그러지 말라고 큰 소리로 책망해도
음식이나 질질 흘리며 대꾸도 못하는 사람?

당신들이 하는 일을 알아차리지 못하는
온전치 못한 사람?
스타킹이며 신발 한 짝씩 늘 잃어버리기나 하고...
내 의지와 상관없이
당신들이 목욕시켜주고 밥을 떠먹여주는 가운데
긴 하루를 채워야 하는 사람?
그것이 나를 보며 생각하는 것인가요?
그것이 당신들 눈에 비친 내 모습인가요?

그러면 눈을 떠봐요.

당신들은 나를 보고 있는 게 아닙니다.

내가 누구인지 들려줄게요.

시키는 대로 일어나고,

당신들의 뜻에 따라 밥을 먹듯이,

여기 다소곳이 앉아서.

서로 사랑하는 아버지, 어머니, 오빠, 동생을 가진

나는 열 살짜리 어린 아이랍니다.

곧 만나게 될 연인을 꿈꾸며

자립의 날개를 달던 열여섯 살 어린 소녀이기도 하지요.

스무 살엔 새색시가 되었어요.

평생 지켜갈 사랑의 맹세 앞에 콩닥콩닥 가슴이 뛰었지요.

스물다섯 살이 되자 아이를 갖게 되었어요.

아이를 보살피고,

안전하고 행복한 안식처를 만들기 위해 내가 필요했지요.

아이가 무럭무럭 자라나

서른 살의 부인 때는 서로를 지탱해 줄 유대의 끈이 필요하더군요.

마흔에 접어드니 아들이 그새 다 자라 집을 떠났답니다.

내가 슬퍼하지 않도록 남편이 곁에서 지켜주었지요.

쉰 살이 되자 손주들이 내 무릎 주위에서 놀게 되더군요.

다시금 나와 사랑하는 남편, 아이들이라는 가정에 익숙

해졌지요.

암흑의 날들이 닥쳐와 남편이 세상을 떠났습니다.

미래를 생각하며 공포에 떨어야 했지요.

자식들은 모두 제 아이들을 키우느라 여념이 없더군요.

살아온 지난 세월과 사랑을 떠올려봅니다.

이제 나는 늙은 여자고, 자연은 잔인합니다.

늙은이를 한낱 조롱거리로 만들고 마는군요.

몸은 망가졌고, 우아함과 기품을 잃었지요.

한때 심장이 자리하던 곳에는 이제 돌덩이가 들어앉아

있답니다.

하지만 시체나 다름없는 이 늙은 몸뚱이 안에는

어린 소녀가 여전히 살고 있다오.

다시 한 번 내 망가진 심장이 부풀어오르는군요.

지난날의 즐거움과 고통을 기억하노니,

다시 한 번 삶을 사랑하고 느껴보고 싶어요.

지난날은 너무 빨리 흘러가버렸고,

이젠 남은 날이 얼마 되지 않는군요.

영원한 건 아무것도 없다는 냉혹한 사실을 받아들입
니다.

그러니 눈을 뜨세요. 뜨고 보세요.

괴팍한 늙은이가 아니랍니다.

가까이 다가와 나를 보세요.

- 이 시는 스코틀랜드의 요양병원에서 외롭게 삶을 마감한
어느 할머니의 유품 가운데서 발견되었다고 한다.
내용에 감동한 간호사들이 돌려 읽으면서 세상에 알려지게
되었다. 그러나 내용과 형식이 다른 몇 개의 본이 있고,
그 기원에 대해서도 이설이 존재한다.

당신이 나를 기억하기 때문에

당신의 기도, 당신의 생각, 당신의 마음속에,
나는 여전히 당신과 함께 있습니다.
비록 당신이 나를 볼 수는 없지만,
삶이 가져다주는 감미로운 축복 속에서
한 부분을 차지하고 있을 것입니다.
우리를 이어주고 있는 끈을
당신이 회상할 때마다.
비록 상황이 다르지만
우리 서로 사랑하기 때문입니다.
우리의 영혼이 모두 자유로워질 때면
언젠가 다시 만날 수 있을 것입니다.
그때까지, 나는 당신과 함께 있을 것입니다.
당신이 나를 기억하기 때문입니다.

인생은 한 잔의 차

일생에 걸친 부귀영화라도 한 잔의 차에 지나지 않거늘,
마흔아홉 해의 삶이 꿈결같이 지나가버렸네.
인생이란 무엇이며, 죽음이란 무엇인가?
해가 가고 해가 오고, 모든 게 일장춘몽이었구나.
눈앞에 극락과 지옥만이 남겨져 있을 뿐.
집착의 구름 벗어버리고,
교교한 새벽 달빛 아래 홀로 서 있네.

- 우에스기 겐신

성공

큰 소리에도 놀라지 않는 사자같이,
그물에 걸리지 않는 바람같이,
물에 더럽혀지지 않는 연꽃같이,
무소의 뿔처럼 오직 혼자서 걸어가라.

- 숫타니파아타

인생론 십계

걱정하지 말라. 걱정은 인간의 행위 가운데 가장 비생산적이다.

두려워 말라. 우리가 두려워하는 대부분의 일은 절대로 일어나지 않는다.

다리에 다다르기 전에 건너지 말라(미리 공연한 걱정을 하지 말라). 지금까지 성공한 사람이 아무도 없다.

모든 문제를 그때그때 처리하라. 한 번에 하나씩 해결할 수밖에 없는 법이다.

잠자리로 문젯거리를 가져가지 말라. 불행한 부부가 될 뿐이다.

다른 사람의 문제를 걱정하지 말라. 당사자가 더 잘 해결할 수 있다.

좋은 일이든 나쁜 일이든 영원히 흘러가버린 어제를 다시 체험하려 들지 말라. 지금 일어나고 있는 일에 집중해야 행복하다.

다른 사람의 말을 경청하라. 내 생각과 다른 남의 생각을 들을 수 있기 때문이다. 말을 할 때는 새로운 것을 배우기 어렵고, 나보다 뛰어난 사람은 많다.

좌절해서 수렁에 빠지지 말라. 90퍼센트는 자기 연민 때문이며, 긍정적인 행동을 방해할 뿐이다.

작은 축복을 간과하지 말라. 작은 것들이 쌓여 큰 축복이 되는 법이다.

한푼도 들지 않는 여덟 가지 선물

듣기 선물 : 오직 듣기만 해야 한다. 방해하거나, 헛된 몽상
　에 빠지거나, 대답하려 하지 말라. 단지 듣기만 하라.

애정 선물 : 자주 껴안고, 입 맞추고, 등을 토닥이고, 손
　을 잡아 줘라. 이 같은 작은 행동이 우리가 가족과
　친구들을 사랑한다는 증표다.

웃음 선물 : 재미있는 기삿거리나 이야기를 함께 공유하라.
　함께 웃음을 나누고 싶다는 의사 표현이다.

메모 선물 : "도와줘서 고마워요" 같은 짧은 글도 좋고
　한편의 시도 좋다. 손으로 쓴 감사의 글귀는 평생 기억
　되고, 삶을 바꿀 수도 있다.

칭찬 선물 : "빨간색 옷이 잘 어울리네요" "참 잘했어요"
　"식사가 정말 맛있었어요" 같은 소소하지만 진지한

칭찬이 상대방을 하루종일 즐겁게 한다.

친절 선물 : 사람들에게 친절을 베풀기 위해 매일 노력
하라.

고독 선물 : 더러는 혼자 있고 싶을 때가 있고, 그 순간이
가장 행복할 수 있다. 그런 순간을 소중히 여기고, 다른
사람들에게도 고독을 선물하라.

명랑 선물 : 기분이 즐거워지는 가장 쉬운 방법은 사람들
에게 친절한 말을 건네는 것이다. 안녕 혹은 고마워요
하고 말하는 것은 어려운 일이 아니다.

승자와 패자

승자는 항상 해법의 한 부분이다.
패자는 항상 문제의 한 부분이다.

승자는 항상 프로그램을 갖고 있다.
패자는 항상 변명으로 일관한다.

승자는 "당신을 위해 이 일을 할게요"라고 말한다.
패자는 "그건 내 일이 아니에요"라고 말한다.

승자는 어떤 문제에서든 해법을 찾는다.
패자는 어떤 해법에서든 문제점을 찾는다.

승자는 모래 구덩이 근처에서 잔디밭을 본다.
패자는 잔디밭에서 모래 구덩이를 본다.

승자는 "어려운 일이지만 가능합니다"라고 말한다.

패자는 "가능할지 모르지만, 매우 어려운 일입니다"
라고 말한다.

선택은 당신의 몫이다.

실패는 성공의 어머니

베토벤은 작곡가로서 희망이 없었다. 20대에 이미 귀머거리였다. 그럼에도 불구하고 작곡에 온 정열을 쏟은 그는 서양 고전음악사에서 가장 유명한 사람의 하나가 되었다.

아인슈타인은 4살 때까지 말을 못했다. 학교 다닐 때는 정신박약아 취급을 받았다. 그러나 노벨상을 수상한 세계에서 가장 유명한 물리학자가 되었다.

링컨은 어머니를 일찍 여의고 찢어지게 가난한 어린 시절을 보냈다. 사업에 실패한데다 신경쇠약증에 시달렸다. 열 번이나 선거에서 떨어진 다음에야 미국 대통령에 당선되었다.

로켓 과학자 폰 브라운은 대수학에서 낙제한 적이 있다.

화학 과목의 낙제생이었던 퀴리 부인은 노벨화학상

수상자가 되었다.

처칠은 초등학교 6학년을 낙제하였지만, 영국 역사상 최고의 수상이 되었다.

마이클 조던은 학교 농구부에서 잘린 적이 있지만, NBA에서 6번이나 우승하였다.

토머스 에디슨은 선생님한테 '너무 멍청하다'는 소리를 들었다. 그렇지만 그는 백열전구를 비롯한 수많은 발명품을 세상에 내놓음으로써, 발명왕이라는 별명을 얻었다.

월트 디즈니는 너무 상상력이 빈곤하고, 독창적인 아이디어가 없다는 이유로 신문사에서 해고되었다.

비틀스는 레코드사 오디션에서 떨어졌다. 그렇지만 전시대를 통틀어 가장 유명한 음악 밴드의 하나가 되었다.

뉴턴은 초등학교 성적이 초라하였지만, 만류인력을 발명한 유명한 물리학자가 되었다.

스티븐 스필버그는 고등학교에 두 번이나 떨어졌지만, 할리우드 역사상 가장 성공한 감독의 한 사람이 되었다.

실패는 성공의 디딤돌이다. 결코 포기하지 말라. 세상을 놀래키기 위해 최선을 다하라.

삶을 위한 22가지 힌트

외모를 좇지 마라. 속을 수 있다. 부가 사라지는 순간에도 부를 좇지 마라. 웃게 해주는 사람을 택하라.

누군가가 몹시 그리울 때는 꿈속에서라도 만나 안아주고 싶을 때가 있다. 그런 사람의 꿈을 꿀 수 있어야 삶이 행복해진다.

원하는 꿈을 꾸어라. 가고 싶은 곳을 가라. 되고 싶은 사람이 되어라. 삶은 한 번뿐이다. 바라는 모든 것을 할 수 있는 기회는 단 한 번뿐이다.

즐거움을 주는 넉넉한 행복, 강하게 만들어주는 넉넉한 시련, 인간성을 지켜주는 넉넉한 슬픔, 행복하게 해주는 넉넉한 희망을 가져라.

행복의 문은 하나가 닫히면 다른 문이 열린다. 그러나

우리는 종종 닫힌 문에 오래도록 매달려 있곤 한다. 열려 있는 문을 보지 못하기 때문이다.

가장 좋은 친구는 흔들의자에 앉아 말 한마디 나누지 않아도, 헤어질 때 인생 최고의 멋진 대화를 나눈 느낌을 주는 사람이다.

소유물을 잃어버리기까지는 그것을 갖고 있던 것을 모르는 게 다반사다. 반대로 분실물이 나타나기 전까지는 그것을 잃어버린 사실을 모르는 경우가 많다.

항상 상대방의 입장에서 생각하라. 자신이 상처받을 것 같으면, 분명 상대방도 상처를 받을 것이다.

부주의한 말은 싸움을 일으킬 수 있다. 잔인한 말은 삶을 망칠 수 있다. 시의적절한 말은 스트레스를 날려버릴 수 있다. 사랑스러운 말은 치유와 축복이 될 수 있다.

사랑의 시작은 사랑하는 사람이 완전한 그 자신이 되도

록 함으로써, 우리의 이미지와 섞이지 않도록 하는 것이다. 그렇지 않으면, 사랑하는 사람 속에서 찾아낸 우리 자신의 모습을 사랑하는 것일 뿐이다.

가장 행복한 사람이 반드시 가장 좋은 모든 것을 갖고 있는 것은 아니다. 그들은 단지 살아가면서 만나는 것들을 최대한 활용할 뿐이다.

누군가에게 호감을 갖는 데는 1분, 좋아하는 데는 1시간, 사랑하는 데는 하루가 걸린다. 그러나 잊는 데는 평생이 걸린다.

행복은 울고 상처받고 해답을 찾으려 애써 노력한 사람을 위해 있다. 그런 사람만이 살면서 만난 사람들을 귀히 여기고 감사할 수 있기 때문이다.

사랑할 때는 감정, 열정, 낭만을 던져버리고도 여전히 상대방에 푹 빠져 있는 자신을 발견하게 된다.

마음에 끌리는 상대를 만나고서도 종내 이루어지지 못할 사랑임을 깨닫고, 떠나보내야 하는 것은 인생의 슬픔이다.

사랑은 미소와 함께 시작되고, 키스와 함께 진전되며, 눈물로 끝난다.

사랑은 실망한 적이 있음에도 아직 희망을 갖는 사람과 배신당한 적이 있음에도 아직 신뢰를 갖는 사람에게 오고, 상처받은 적이 있음에도 여전히 사랑하는 사람에게 필요하다.

누군가를 사랑하면서 그 사람의 사랑을 받지 못하면 상처가 된다. 그러나 가장 고통스러운 일은 사랑하면서도 그 감정을 상대방에게 알릴 용기가 없을 때이다.

밝은 미래는 항상 잊혀진 과거에 바탕을 두고 있다. 과거의 실패와 상처를 잘 갈무리하기까지는 희망찬 인생을 살기 어렵다.

여전히 사랑하고 싶으면, 결코 작별을 말하지 말라. 사랑을 얻을 수 있을 것 같으면, 결코 포기하지 말라. 헤어질 수 없으면, 더 이상 사랑하지 않는다고 결코 말하지 말라.

누군가에게 모든 사랑을 주었다고 해서, 반드시 사랑을 되돌려 받을 수 있는 것은 아니다. 되돌려 받는 사랑을 기대하지 말고, 다만 그들의 마음속에 사랑이 자라기를 기다려라. 그렇지 않을 경우, 우리 마음속에 사랑이 자란 것에 만족하라.

아무리 듣고 싶은 말이 있어도, 그 말을 듣고 싶은 상대방이 모르쇠로 일관하는 경우가 있다. 그렇다고 그 사람이 가슴으로 하는 말을 흘려듣지 말라.

가장 중요한 것 열 가지

사 랑 : 따뜻하고 놀라운 느낌을 만들어주는 특별한 감정

존 중 : 모두가 대접받고 싶은 선물

감 사 : 살아가면서 생긴 모든 좋은 일에 감사하기

행 복 : 매순간의 충만한 즐거움. 웃는 얼굴

용 서 : 분노를 물리치는 능력

나 눔 : 보상을 바라지 않고 베푸는 즐거움

정 직 : 항상 진실을 말하는 자질

진실성 : 항상 옳은 일만 하는 순수함

연 민 : 다른 사람의 상처를 보듬고 고통을 함께하는 감정
의 본질

평 화 : 가장 중요한 열 가지를 실천하면서 사는 삶에
대한 보상

습관

당신의 가장 친한 친구이자 가장 큰 적인 나는 당신 삶의 중요한 동반자다. 나는 당신의 가장 큰 조력자이거나 가장 무거운 짐이다. 나는 당신이 앞으로 나아가도록 밀기도 하고, 당신을 실패의 나락으로 떨어뜨리기도 한다. 나는 철저히 당신의 명령에 따른다.

당신이 하는 일의 절반은 내게 맡기는 편이 낫다. 나는 신속하고 정확하게 해낼 수 있다. 나는 쉬운 상대이지만, 반드시 엄격히 다루어야 한다. 당신이 원하는 것을 내게 정확히 보여주면, 잠깐 배운 뒤에 자동으로 해낼 것이다. 나는 모든 위인들의 종이며, 또한 모든 실패자들의 종이다.

위인들은, 내가 그들을 위인으로 만들었다. 실패자들은, 내가 그들을 실패자로 만들었다. 나는 기계가 아니다. 나는 기계가 갖고 있는 모든 정밀함에 더하여, 인간의 지혜와 함께 일한다. 당신은 나를 이용해 이익을 얻을 수 있고, 파멸에 빠질 수도 있다. 그것은 내게 아무런 차이가 없다. 나를 갖고 훈련시켜 엄히 대하면, 나는 당신에게 세계를 갖다 바칠 것이다. 그러나 내게 관대하면, 당신을 파멸시킬 것이다.

나는 누구인가? 습관이다!

벤자민 프랭클린의 13가지 성공 원칙

　무일푼인 열일곱 살 소년이 1723년 필라델피아에 도착했다. 그는 마흔두 살 나이에 은퇴하였다. 발명가로서 사업가로서 벤자민 프랭클린보다 성공한 사람은 많지 않다. 그는 13가지 원칙을 정해 놓고 평생에 걸쳐 실천하였다.

절제 : 배부르게 먹지 않고, 취하도록 마시지 않는다.

침묵 : 나와 상대방에게 도움되는 말만 하고, 경박한 대화를 삼간다.

정돈 : 사물을 질서있게 정리하고, 모든 일을 때맞춰 처리한다.

결단 : 해야 할 일을 과감히 결심하되, 실패 없이 완수한다.

검소 : 근검절약을 생활화해 나와 상대방에게 도움되는 일에만 지출한다.

근면 : 시간을 낭비하지 않는다. 항상 유용한 일에 힘쓰고, 불필요한 행동을 삼간다.

정직 : 남을 속여 해치지 않는다. 말과 행동을 바르게 한다.

정의 : 남에게 손해를 끼치거나 스스로의 의무를 게을리
　　하지 않는다

중용 : 극단을 피한다. 감내해야 할 손해를 가지고 남을
　　비난하지 않는다.

청결 : 몸과 의복, 주거를 청결히 한다.

평정 : 사소한 일이나 일상적인 사건, 불가피한 일로
　　평정심을 잃지 않는다.

순결 : 건강과 자손을 위해서만 성교한다. 몸의 감각이 둔
　　해지고 쇠약해지거나 부부의 평화와 평판에 누가 되는
　　일은 하지 않는다.

겸손 : 예수와 소크라테스를 본받는다.

할 수 있다

시합에서 졌다고 생각하면, 당신은 진 것이다

감히 해볼 용기가 없다고 생각하면, 당신은 용기가 없는 것이다.

이기고 싶지만 못할 것이라고 생각하면, 당신은 결코 이길 수 없다.

시합에서 질 것이라고 생각하면, 당신은 이미 졌다.

우리가 찾는 세상에서 성공은 그 사람의 의지, 곧 마음의 상태에 달려 있다.

경쟁자를 압도할 수 있다고 생각하면, 당신은 분명히 할 수 있다.

높이 오르려 생각하고, 자신의 능력을 믿어야 한다.

그러면 언젠가 보상을 받게 될 것이다.

삶의 전쟁에서 강하고 **빠른** 사람이 항상 이기는 것은 아니다.

　그렇지만 언젠가 승리하는 사람은 스스로 이길 수 있다
고 생각하는 사람이다.

- 무명시인 월터 윈틀이 원작자로 알려져 있지만,
조금씩 다른 본이 여럿 있다.

멈추지 말라

가끔 그렇듯 일이 잘못될 때면,
걷고 있는 길이 계속 언덕을 오르는 것처럼 보일 때면,
저축은 동이 나고 빚만 늘어갈 때면,
웃고 싶으나 한숨만 나올 때면
걱정이 짓눌러 올 때면,
쉴 수 있으면 쉬어라. 그러나 멈추지는 말라.

우리 모두 가끔은 깨닫게 되듯이,
삶은 뒤틀리고 뒤집힌 기묘한 것.
끝까지 버텼더라면 이길 수 있었을 것임을
많은 실패는 뒤돌아보게 하느니,
발걸음이 느려 보여도 포기하지 말라.
다시 노력하면 성공할 수 있다.

열의도 없고 자신도 없는 사람이 느끼기보다는
결승선이 가까운 법이다.

우승컵을 거의 손에 쥘 수 있을 때도
발버둥치다가 포기해 버리는 사람이 있다.
그러곤 밤의 어둠이 미끄러져 내릴 때에야 깨닫는다.
자신이 얼마나 왕관 가까이에 있었는지.

성공이란 실패와 안팎이 뒤바뀐 것.
은빛 빛깔을 띠고 있는 의혹의 구름.
얼마나 가까이 있는지는 결코 알기 어렵다.
멀리 있어 보일 때도 실제론 가까울지 모른다.
그러니 힘겨운 역경 아래서도 분투하라.
최악의 상황으로 보일 때도 멈추어서는 안된다.

- 영국 시인 에드거 게스트가 작자로 유력하지만,
이설도 존재한다.

생각이 곧 말이 된다

주의 깊게 생각하라. 생각이 곧 말이 된다.
말을 조심하라. 말이 곧 행동이 된다.
행동을 조심하라. 행동이 곧 습관이 된다.
습관을 조심하라. 습관이 곧 성격이 된다.
성격을 조심하라, 성격이 곧 운명이 된다.

- 중국 격언

교훈

현명한 사람은 자신이 가진 것에 만족한다.
어리석은 사람은 남이 가진 모든 것을 부러워한다.

- 공자

세상을 바꾸고 싶었지

젊은 시절, 세상을 바꾸고 싶었지.

세상을 바꾸기 어렵다는 걸 알곤, 나라를 바꾸려고 했어.

나라를 바꾸기 어렵다는 걸 알곤, 내가 사는 고장을 바꾸려고 했어.

그마저도 어렵다는 걸 깨달았을 땐, 제법 나이가 들어가고 있었어.

하는 수 없이 우리 가족이나 바꿔보려고 했지.

노인이 된 지금, 내가 바꿀 수 있는 것은 오직 나 자신뿐.

불현듯 깨달았네.

오래전에 나 자신을 바꿨더라면, 우리 가족한테 큰 영향을 끼칠 수 있었을 것임을.

가족과 함께였다면, 우리 고장도 바꿨을 거야.

그 힘은 나라를 바꾸고, 마침내 세상을 바꾸었겠지.

- AD 1100년경 익명의 수도승

자신과 약속하라

자신과 약속하라.

마음의 평화를 방해받는 일이 없도록 매우 강해지겠다고. 만나는 모든 사람들의 건강, 행복, 번영을 축복하겠다고.

자신의 내면에 특별함이 있음을 모든 친구들이 느끼도록 만들겠다고. 사물의 밝은 면을 바라보고, 낙관주의를 실천하겠다고.

오직 최선을 생각하고, 최선을 위해 일하며, 최선을 기대하겠다고. 우리 자신의 성공을 바라듯, 다른 사람의 성공에 대해서도 열성을 갖겠다고.

과거의 실수를 잊고, 미래의 큰 성취를 위해 온 힘을 다하겠다고. 항상 즐거운 얼굴을 하고, 만나는 모든 생명체에 웃음을 보내겠다고.

우리 자신의 발전을 위해 많은 시간을 투자하고, 다른 사람을 비난하지 않겠다고. 충분히 고뇌하고, 분노에 너그럽고, 두려움에 강하고, 행복이 넘쳐 고통스러운 일은 일어나지 않게 하겠다고.

스스로를 깊이 성찰하고, 큰 목소리가 아닌 모범적인 행동으로 결과를 세상에 보여주겠다고. 내면의 충실함을 따르는 한 온 세상이 우리 자신의 편임을 믿으며 살겠다고.

- 크리스천 라르손

쉬운 일, 어려운 일

누군가의 주소록에 이름 올리기는 쉽지만,
그 사람의 마음속에 자리하기는 어렵다.

다른 사람의 잘못을 지적하기는 쉽지만,
우리 자신의 잘못을 인정하기는 어렵다.

생각 없이 말하기는 쉽지만,
말을 삼가기는 어렵다.

사랑하는 사람에게 상처를 주기는 쉽지만,
상처를 보듬어주기는 어렵다.

다른 이를 용서하기는 쉽지만,
용서를 구하기는 어렵다.

규칙을 만들기는 쉽지만,

지키기는 어렵다.

매일 밤 꿈을 꾸는 일은 쉽지만,
꿈을 위해 싸우기는 어렵다.

승리를 보여주기는 쉽지만,
위엄 있게 패배하기는 어렵다.

보름달을 감탄하기는 쉽지만,
달의 반대쪽을 보기는 어렵다.

돌멩이에 걸려 휘청거리기는 쉽지만,
넘어졌다가 일어서기는 어렵다.

매일매일의 삶을 즐기기는 쉽지만,
삶의 참가치를 알기는 어렵다.

약속하기는 쉽지만,
약속을 지키기는 어렵다.

사랑한다고 말하기는 쉽지만,
사랑을 매일 보여주기는 어렵다.

누군가를 비난하기는 쉽지만,
자신을 수양하는 일은 어렵다.

실수를 저지르기는 쉽지만,
실수를 통해 배우기는 어렵다.

사랑을 잃고 울기는 쉽지만,
사랑을 잃지 않도록 돌보는 일은 어렵다.

나아지려고 몽상하기는 쉽지만,
생각을 멈추고 실천하기는 어렵다.

다른 사람을 나쁘게 생각하기는 쉽지만,
속마음을 털어놓고 도움을 주기는 어렵다.

받기는 쉽지만,

주기는 어렵다.

읽어내기는 쉽지만,
따라가기는 어렵다.

말로 우정을 지키기는 쉽지만,
의미를 통해 우정을 지키기는 어렵다.

과녁을 향한 화살

뒤로 완전히 잡아당겨 쏠 때만 화살은 목표물에 가 닿는다. 그러니 인생이 당신을 어려움의 구렁텅이로 잡아당긴다면, 다름아닌 승리를 향해 나아가는 순간임을 명심하라.

긍정적인 태도

뱀이 살아 있을 때는 뱀이 개미를 잡아먹는다. 뱀이 죽으면 개미가 뱀을 먹는다. 시간은 언제라도 바뀔 수 있다. 누구라도 무시하지 말라.

같은 실수를 두 번 반복하지 말라. 새로운 방법은 많고 많다. 날마다 다른 시도를 해보는 게 좋다.

다른 사람의 태도를 바꾸는 가장 좋은 길은 스스로의 태도를 바꾸는 것이다. 얼음을 녹게 만드는 같은 태양이 진흙을 굳게도 한다. 삶은 우리가 생각한 대로 움직이니, 반드시 아름답게 생각할 일이다.

삶은 바다와 같아서 끝없이 움직이는 게 우리의 숙명이다. 아무것도 우리와 함께 머물러주지 않는다. 물결처럼 스쳐 지나간 사람들의 기억만이 남을 뿐.

얼마나 큰 부자인지 알고 싶거든 결코 돈을 세지 말라. 한 방울의 눈물을 흘려 얼마나 많은 손길이 자신의 눈물을 닦아주려 하는지 세어보라. 그것이 참된 자산이다.

마음이 눈한테 말했다. "조금만 보아. 네가 보면 나는 큰 고통을 느끼거든." 눈이 대답했다. "조금만 느껴. 네가 느끼면 나는 한참을 울어야 하거든."

다른 사람을 위해 자신의 근본을 바꾸지 말라. 아무도 자신보다 더 자신의 역할을 잘할 수는 없기 때문이다. 어느 누구든 자신이 최고다. 그러니 자신의 본모습을 지켜라.

아기 모기가 첫 비행을 마치고 돌아왔다. 엄마 모기가 물었다. "아가야, 어땠니?" 아기 모기가 대답했다. "정말 좋았어요. 모든 사람이 제게 박수를 쳐주지 뭐예요."

삶이 짧은 게 아니다

삶이 짧게 느껴지는 것은 많은 시간을 낭비하기 때문이다. 삶은 충분히 길다. 잘 쓰기만 하면 최고의 성취를 일구는 데 충분하다. 그러나 호사스러운 일에 시간을 낭비한다든지 바람직하지 않은 활동으로 시간을 소모하고 나면, 마침내 죽음이라는 마지막 한계에 직면함으로써 미처 알아채기도 전에 삶이 지나가버렸음을 깨닫게 된다.

결론적으로 타고난 삶이 짧은 게 아니라 우리가 짧게 만들고 있는 것이며, 삶이 모자라는 게 아니라 낭비하고 있는 것이다. 사용방법을 알면 삶은 길다.

- 세네카

행운을 부르는 45가지 토템

사람들이 바라는 것보다 더 많은 것을 즐거운 마음으로 준다.

마음에 드는 시를 외운다

들은 것을 모두 믿거나, 가진 것을 모두 낭비하거나, 마음껏 자지 않는다.

"사랑합니다"라고 말할 때 진심을 다한다.

"미안해요"라고 말할 때 상대방의 눈을 바라다본다.

결혼하기까지 적어도 육 개월의 약혼 기간을 갖는다.

첫눈에 반한 사랑을 믿는다.

다른 사람의 꿈을 비웃지 않는다. 꿈이 없는 사람은 가난한 사람이다.

깊이 열정적으로 사랑한다. 상처 받을 수도 있지만, 완전한 삶을 사는 유일한 방법이다.

의견이 같지 않을 때는 공정하게 싸운다. 욕은 하지 않는다.

친척이 어떤 사람인가로 사람을 판단하지 않는다.

말은 천천히, 생각은 **빠르게** 한다.

대답하고 싶지 않은 질문을 받았을 때는, 미소지으며 정중히 거절의 뜻을 표한다.

위대한 사랑과 위대한 업적은 큰 위험의 산물임을 명심한다.

한가할 때는 언제든 어머니를 찾는다.

누군가가 재채기를 할 때는 축복의 말을 해준다.

실패했을 때는 실패의 교훈을 잊지 않는다.

자신과 상대방을 모두 존중하고, 자신의 행동에 책임을 진다.

사소한 논쟁이 우정을 손상시키지 않도록 한다.

실수한 것을 깨달았을 때는 즉시 시정한다.

전화 받을 때는 미소를 짓는다. 목소리에서도 웃음짓는 모습을 알아볼 수 있다.

대화를 나누고 싶은 사람과 결혼하라. 나이 들수록 대화가 중요하다.

가끔씩 혼자만의 시간을 갖는다.

적극적으로 변화를 받아들인다. 그러나 자신의 가치를 포기하지 않는다.

때로는 침묵이 최고의 답변임을 명심한다.

독서를 많이 하고, 텔레비전 시청을 줄인다.

선하고 고결한 삶을 산다. 그러면 나이가 든 다음, 지나온 추억들을 다시금 즐길 수 있을 것이다.

신을 믿되, 차 문은 잠근다.

가족간의 사랑은 매우 중요하다. 고요하고 조화로운 가정을 만들기 위해 최선을 다한다.

사랑하는 사람과 불화가 생겼을 때, 현재의 상황에서 해결한다. 결코 과거의 문제를 끄집어내지 않는다.

행간의 의미를 읽는다.

지식을 함께 나눈다. 불멸을 얻는 길이다.

지구를 사랑한다. 대지는 우리의 집이다.

기도하고 명상한다. 헤아릴 수 없는 힘이 그 속에 있다.

설령 누군가가 아첨을 하더라도 중단시키지 않는다.

자신의 일을 잘 추스른다.

키스할 때 눈을 감지 않는 사람은 믿지 않는다.

한 해에 한 번은 가본 적이 없는 곳을 여행한다.

돈을 벌면 생전에 자선사업을 펼친다.

원하는 것을 얻지 못한 것이 때로는 다행임을 명심한다.

법칙을 배운 후에는 깰 줄도 알아야 한다.

서로를 필요로 할 때보다 서로를 향한 사랑이 클 때가
최상의 관계임을 명심한다.

성공을 얻기 위해 포기한 것을 통해 성공을 판별한다.

성격은 운명임을 명심한다.

사랑과 요리는 정답이 없다. 취향대로 살아라.

진주 같은 지혜

인생이 진지하다는 증거는 어디에도 없다.

허락보다는 용서를 구하기가 쉽다.

나이는 성숙에 대한 비싼 대가이다.

아무리 어리석은 사람이라도 인공 지능과는 비교될 수 없다.

두 가지 유혹 가운데 하나를 골라야 한다면, 전에 겪어 본 적이 없는 것을 선택한다.

모든 행정조치에는 동일한 반대 방향의 정부 프로그램이 존재한다.

얼굴이 여권 사진처럼 보이면 여행을 떠나야 한다는 신호다.

지폐는 수표보다 두 배 빠르기로 통용된다.

몸의 모든 부분이 건강할 때 마음에 고통을 느끼는 게 양심이다.

잘 먹고 건강한 몸을 유지해도 결국은 죽는다.

남자도 여자도 지구인이다. 잘 지내지 못할 이유가 없다.

설거지하는 동안 총 맞은 남편은 아직 없다.

새로 맞이하는 기회보다 지나간 기회가 항상 크게 느껴지는 법이다.

중년은 아량 있는 마음과 잘록한 허리가 위치를 변경하는 지점이다.

폐물은 몇 년 동안 잘 보관해 두었다가 정작 필요한 일이 생기기 몇 주 전에 버린 물건이다.

우리가 알고 있는 것보다 더 많은 얼간이들이 있는 법이다.

경험은 멋진 일이다. 다시금 실수를 저질렀을 때 깨닫게 해준다.

수지 균형을 맞출 때까지 삶의 종착점은 변경된다.

논리적인 사람은 현실 세계에 대한 좋은 대조가 된다.

즐거워하는 자신을 비웃을 수 있어야 축복받은 사람이다.

삶의 황금률

문을 열었으면 스스로 닫는다.

전원을 켰으면 스스로 끈다.

자물쇠를 열었으면 스스로 잠근다.

망가뜨렸으면 인정한다.

고칠 수 없으면 고칠 줄 아는 사람을 부른다.

빌렸으면 돌려준다.

소중하게 생각하면 원상태로 놓아둔다.

어지럽혔으면 깨끗이 치운다.

물건을 옮겼으면 제자리에 갖다 놓는다.

다른 사람 물건이면 허락을 받고 사용한다.

사용법을 모르면 그대로 둔다.

자신의 일이 아니면 묻지 않는다.

삶의 레시피

구성요소 :

  자신이 누구인지를 아는 지혜 1단위

  자신이 누구인지를 모르는 무지 1단위

  갖고 싶은 욕구 1단위

  장래 희망 1단위

  현 소유물에 대한 평가 1단위

  소유물 가운데서 현명하게 고른 선택물 1단위

  인생 사용설명서에 대한 사랑과 감사의 마음 1단위

  신뢰심과 예지력을 사용하여 구성요소의 각 재료들을 조심스럽게 결합한다.

  유용한 결과물이 산출될 것이라는 강한 믿음을 갖고 멋진 조합이 이루어질 때까지 한데 섞는다.

  최상의 결실을 얻기 위해 생각과 말과 행동을 활용한다.

  축복이 내릴 때까지 굽는다.

인격

재산을 잃었을 땐 아무것도 잃은 게 없다네.
건강을 잃었을 땐 일부를 잃었지.
인격을 잃었을 땐 모는 것을 잃은 것이라네.

남자와 여자

남자는 수호자고, 여자는 번영과 행복이다.

남자는 생각이고, 여자는 말이다.

남자는 법이고, 여자는 분별력이다.

남자는 이성이고, 여자는 감성이다.

남자는 권리고, 여자는 의무다.

남자는 작가고, 여자는 작품이다.

남자는 인내고, 여자는 평화다.

남자는 의지고, 여자는 소망이다.

남자는 연민이고, 여자는 선물이다.

남자는 노래고, 여자는 음표다.

남자는 불이고, 여자는 연료다.

남자는 해고, 여자는 빛이다.

남자는 우주고, 여자는 궤도다.

남자는 바람이고, 여자는 동작이다.

남자는 바다고, 여자는 해안이다.

남자는 소유주고, 여자는 부富다.

남자는 전쟁이고, 여자는 권능이다.

남자는 램프고, 여자는 빛이다.

남자는 낮이고, 여자는 밤이다.

남자는 나무고, 여자는 덩굴이다.

남자는 음악이고, 여자는 노랫말이다.

남자는 정의고, 여자는 진리다.

남자는 물길이고, 여자는 개울이다.

남자는 깃대고, 여자는 깃발이다.

남자는 영혼이고, 여자는 육체다.

- 비슈누 푸라나

내가 배운 것들...

세상 최고의 학교는 노인의 발치임을 나는 배웠다.

사랑에 빠져 있을 때는 자연스레 드러난다는 것을 나는 배웠다.

"덕분에 즐거웠어요"라는 말을 들으면, 스스로도 즐거워 진다는 사실을 나는 배웠다.

남들이 스스로 만족을 느끼도록 해주면, 나 자신 한결 만족스럽다는 사실을 나는 배웠다.

품안에 잠든 아기 모습이 세상에서 가장 평화로운 느낌이라는 사실을 나는 배웠다.

자신을 위해 한 일은 죽음과 함께 사라지지만, 남과 세상을 위해 한 일은 영원히 남는다는 사실을 나는 배웠다.

진실한 사과는 돈으로 살 수 있는 커다란 장미 다발보다 훨씬 가치 있다는 사실을 나는 배웠다.

거친 말은 강풍에 날리는 깃털처럼 회수하기 어렵다는 사실을 나는 배웠다.

친절이 바르게 사는 것보다 중요하다는 사실을 나는

배웠다.

아이의 선물을 거절해서는 안된다는 사실을 나는 배웠다.

남을 도울 능력이 도무지 없을 때도, 도움이 필요한 사람을 위해 기도할 수 있다는 사실을 나는 배웠다.

삶이 아무리 진지함을 요구해도, 우스꽝스럽게 행동하는 친구 하나쯤은 필요하다는 사실을 나는 배웠다.

때로 우리에게 필요한 것은 따뜻이 잡아주는 손과 이해해 주는 마음이라는 사실을 나는 배웠다.

나는 배웠다

나는 배웠다 - 남이 우리를 사랑하게 할 수는 없다는 사실
  을. 오직 우리가 할 수 있는 일은 사랑받을 만한 사람이
  되는 것이다. 나머지는 그들에게 달려 있다.

나는 배웠다 - 아무리 따뜻한 마음씨를 베풀어도 더러 돌
  려받을 수 없는 사람이 있다는 사실을.

나는 배웠다 - 신뢰를 쌓는 데는 여러 해가 걸리지만, 신뢰
  를 잃는 데는 단 몇 초밖에 걸리지 않는다는 사실을.

나는 배웠다 - 삶에서 중요한 것은 소유가 아니라 인간관계
  라는 사실을.

나는 배웠다 - 짧은 시간 동안은 매력만으로도 그럭저럭
  지낼 수 있지만, 그 순간이 지나고 나면 지식만이 힘이
  라는 사실을.

나는 배웠다 - 중요한 것은 우리에게 무슨 일이 생겼는지가
  아니라 그 일을 어떻게 처리했는가임을.

나는 배웠다 - 어떤 일을 눈 깜짝할 사이에 해치울 수는
  있지만, 그것이 살아가는 동안 큰 심적 고통을 줄 수 있

음을.

나는 배웠다 - 소중한 사람과 헤어질 때는 따뜻한 말을
아끼지 말아야 한다는 사실을. 그들을 볼 수 있는 마지막
시간일지 모르기 때문이다.

나는 배웠다 - 삶의 태도를 잘 다스리지 못하면 그것이 우
리를 제어할 것임을.

나는 배웠다 - 처음의 관계가 아무리 뜨겁고 열정적이어도
결국 열정은 퇴색하고 그 자리를 다른 것이 대신할 것
임을.

나는 배웠다 - 용서하는 데도 연습이 필요하다는 사실을.

나는 배웠다 - 돈이 삶의 점수를 매기는 데는 형편없는
존재임을.

나는 배웠다 - 더러 화를 낼 수는 있겠지만, 너무 지나쳐서
는 안된다는 사실을.

나는 배웠다 - 진실한 우정만이 멀리 떨어져 있어도 지속
될 수 있다는 사실을. 진실한 사랑도 마찬가지다.

나는 배웠다 - 성숙은 우리가 겪은 경험과 경험을 통해
배운 학습의 결과이지, 얼마나 오래 살았는가와는 관계
없다는 사실을.

나는 배웠다 - 아이들에게 그들의 꿈이 실현불가능하거나 엉뚱하다고 말해서는 안된다는 사실을. 아이들이 우리를 크게 신뢰하고 있다면, 얼마나 부끄러운 일이며 비극인가.

나는 배웠다 - 아무리 좋은 친구라도 가끔은 상처를 줄 수 있으며, 그럼에도 반드시 용서해야 한다는 사실을.

나는 배웠다 - 남이 우리를 용서하는 것으로는 충분하지 않으며, 스스로를 용서하는 법도 알아야 한다는 사실을.

나는 배웠다 - 아무리 우리 마음의 상처가 커도 우리를 위해 세상이 멈추어주지 않는다는 사실을.

나는 배웠다 - 서로 다툰다고 두 사람이 사랑하지 않는다는 증표는 아니며, 다투지 않는다고 그들이 서로 사랑한다는 증표는 아니라는 사실을.

나는 배웠다 - 때로는 행위보다 사람을 우선해야 한다는 사실을.

나는 배웠다 - 비밀을 찾으려 너무 애쓰지 말아야 한다는 사실을. 우리의 삶이 영원히 바뀌어버릴 수 있기 때문이다.

나는 배웠다 - 아무리 아이들을 보호하려 해도 결국 상처를 주게 되고, 우리 역시 상처받게 된다는 사실을.

나는 배웠다 - 사랑에 빠지고 사랑이 지속되는 데는 많은
길이 있다는 사실을.

나는 배웠다 - 전혀 모르는 사람과 함께하는 불과 몇
시간이 우리의 삶을 바꿀 수도 있다는 사실을.

나는 배웠다 - 더 이상 남을 도울 여력이 없다고 생각될
때에도, 친구가 도움을 호소하면 도울 방법을 찾게 된다
는 사실을.

나는 배웠다 - 이야기하는 것 못지 않게 글을 쓰는 것도
마음의 고통을 덜어줄 수 있다는 사실을.

나는 배웠다 - 벽에 걸린 자격증이 우리를 품격있는 사람
으로 만들어주지는 않는다는 사실을.

나는 배웠다 - 살아가면서 가장 소중하게 여긴 사람이
빨리 떠나간다는 사실을.

나는 배웠다 - 비록 '사랑'이라는 말이 서로 다른 많은
의미를 갖고 있기는 해도, 너무 지나치게 사용하면
가치를 잃는다는 사실을.

나는 배웠다 - 다른 사람의 마음이 상하지 않게 멋지게
처신하는 일과 자신의 신념을 옹호하는 일 사이에 명확

하게 선을 긋기는 어렵다는 사실을.

> - 이 글의 필자는 오메르 워싱턴으로 알려져 있지만,
> 그가 누군지는 알 수 없음.

행복

행복에서 불행까지의 거리는 고작 한 발짝밖에 안되지만,
불행에서 행복까지의 거리는 매우 멀다.

- 유대 격언

행복의 비밀

빌린 것을 모두 돌려주라.

남을 비난하지 말라.

분수에 맞게 살아라.

겸손하라.

많이 듣고 적게 말하라.

매일 착한 일을 하되 들키지 않게 하라.

완벽함이 아니라 탁월함을 위해서 애써라.

시간을 잘 지켜라.

다른 사람을 절대 비난하지 말라.

남에게 친절하라.

불친절한 사람에게 더 친절하라.

혼자 있는 시간을 가져라.

실수를 저질렀을 때는 인정하라.

인생이 항상 공정한 것은 아님을 이해하고 받아들여라.

남에게 줄을 양보하라.

다투지 말라.

말해야 할 때를 골라 말하라.

조용히 해야 할 때는 침묵을 지켜라.

변명하지 말라.

작은 일에 애쓰지 말라.

감사할 줄 아는 삶

원하는 것을 아직 모두 갖고 있지 않지요? 감사하십시오.
만일 원하는 것을 모두 갖고 있다면, 더 이상 삶에 기대할
게 있을까요?

모르는 게 있음을 감사하십시오. 배울 수 있는 기회입
니다.

고난의 시기를 감사하십시오. 고난을 통해 성장하게 됩
니다.

자신의 한계를 감사하십시오. 발전할 수 있는 기회입
니다.

새로운 도전을 감사하십시오. 힘을 기르고 인격을 형성
하게 됩니다.

실수를 감사하십시오. 소중한 교훈을 배우게 됩니다.

피곤하고 지친 것을 감사하십시오. 뜻깊은 일을 했다는
의미입니다.

좋은 일에 감사하기는 쉽습니다. 충만한 삶은 좌절해도
감사할 줄 아는 사람에게 찾아옵니다.

감사는 부정을 긍정으로 바꿉니다. 고통을 감사할 줄 아는 삶을 찾으십시오.

그것이 우리의 축복입니다.

어떻게 살 것인가

　누구나 알고 있다 : 모두의 마음에 들게 행동할 수는 없다는 것을. 모든 일을 한 번에 해치울 수는 없다는 것을. 모든 일을 다 잘할 수는 없다는 것을. 다른 사람보다 모든 일을 잘할 수는 없다는 것을. 인간 본성은 모두가 비슷하다는 것을.

　그래서 : 자신이 누구인지 찾아내 자신만의 정체성을 가진 사람이 되자. 무엇이 가장 중요한지 결정해 먼저 그것을 실행하자. 자신의 강점을 발견해 사용하자. 남과 경쟁하지 말자. 다른 사람이 되려는 경쟁은 있을 수 없기 때문이다.

　그러면 : 자신의 독자성을 인정하는 법을 배운 것이다. 우선순위를 설정하고 결정하는 법을 배운 것이다. 자신의 한계와 함께 사는 법을 배운 것이다. 자신에게 합당한 경의를 표하는 법을 배운 것이다. 그러면 생명력 넘치는

사람이 될 수 있다.

믿음을 갖자 : 자신이 훌륭하고 유일한 사람이라는 믿음을 갖자. 자신의 삶이 인류역사상 단 하나의 사건이라는 믿음을 갖자. 자신에게 합당한 정체성을 갖는 것은 권리를 넘어 의무라는 믿음을 갖자. 삶은 풀기 위한 문제가 아니라 소중한 선물이라는 믿음을 갖자. 그러면 자신을 침울하게 만들곤 하던 것들을 잠재우고 그 위에 머물 수 있을 것이다.

행복해지는 법

삶에 몹시 지쳐 있나요?
충만한 기쁨을 가져다주는
한 가지 놀라운 비밀을 알려줄게요.
남을 위해 봉사하는 일이에요.

놀이에도 싫증이 났나요?
지치고 따분해 매우 낙담하고 있군요.
세상에서 가장 사랑스러운 놀이를 알려줄게요.
남을 돕는 일이에요.

아무리 홍수처럼 큰 비가 내리고,
두꺼운 구름이 해를 가려도,
당신의 영혼에는 햇빛이 비치게 할 수 있어요.
어서 남을 돕는 일에 나서세요.

밤하늘의 별들이 빛을 잃고,

우리가 걷는 길이 뜨거운 열기를 뿜어내도,
온갖 세상사가 무서운 소용돌이에 휩싸여 있어도,
어서 남을 돕는 일에 나서세요.

언젠가 나는

언젠가 나는 물웅덩이를 뛰어넘어 유유자적 산책을 즐기거나 경주에서 우승할 것이다.

언젠가 나는 거리를 활보하거나 우주를 유영할 것이다.

언젠가 나는 산에 오르거나 콘서트 투어에 나설 것이다.

언젠가 나는 줄타기를 하거나 대양을 탐험할 것이다.

나중에 내 발이 무슨 일을 할지는 오직 하늘만이 안다.

하지만 오늘 나는 발가락을 꼼지락거리는 것만으로도 행복하다.

작은 일에도 감사하자

가진 것이 사라질 때까지도 그것을 소유했음을 깨닫지
못하는 일이 많다.

"미안합니다. 제 잘못이에요"라고 제때 말하는 경우는
흔치 않다.

가슴에 담아두고 있던 소중한 사람의 마음에 상처를
주는 일이 적지 않다.

그리고는 어리석게도 가슴이 미어지는 아픔에 괴로워
한다.

쓸데없는 일들을 가슴에 담아두곤 하는 일이 얼마나
많은가?

한참 세월이 흘러서야 그것이 우리 눈을 멀게 했음을 깨
닫는다.

사람들에게 그들이 우리의 삶에 얼마나 소중한 존재

인지 알려주자.

　우리에게 허용된 시간이 다하기 전에 말을 전하자.

　우리가 가진 모든 것에 감사하자.

　삶에 의미를 준 작은 일에도 감사하자.

아일랜드 구전가요

우리를 슬프게 만든 것들은 잊으세요.
하지만 우리를 기쁘게 해준 것들은 잊으면 안됩니다.

진실하지 않은 친구는 잊으세요.
하지만 충실한 친구는 잊으면 안됩니다.

지나간 고통은 잊으세요.
하지만 매일 새로이 만나는 축복은 잊으면 안됩니다.

아무도 보는 사람 없는 듯이

아무도 듣는 사람 없는 듯이 노래하자.
한번도 가슴앓이 해본 적 없는 듯이 사랑하자.
아무도 보는 사람 없는 듯이 춤추자.
지상이 곧 천국인 듯이 살자.

행복의 값

행복을 사러 갔다. 값이 터무니없었다.

가게주인이 말했다.

"속세의 보물은 아무리 좋아도 만족할 수 없는 법이오. 대신 당신 자신을 남에게 주어보시오. 그리고 저울에 올라가 달아보면, 천 배가 넘는 강렬한 즐거움을 오늘 당장 받게 될 것이오."

웃음

웃음은 한푼도 비용이 들지 않지만, 많은 것을 준다.

주는 사람의 재산을 축내지 않으면서, 받는 사람을 풍요롭게 한다.

웃는 데 걸리는 시간은 짧지만, 때로 그 기억은 영원히 지속된다.

웃음 없이 살면서 부자나 영향력 있는 사람이 될 수는 없고, 아무리 가난해도 웃으면 부유해질 수 있다.

웃음은 가정의 행복을 만들어주고, 사업하는 사람에게 호의를 조성해 준다. 또한 친밀감의 암호다.

웃음은 지친 사람에게는 휴식을, 낙담한 사람에게는 격려를, 슬픈 사람에게는 햇빛을 가져다주고, 고통을 덜어주는 최고의 자연 해독제다.

웃음은 살 수도, 구걸할 수도, 빌 수도, 훔칠 수도 없다. 어떤 사람들에게는 아무런 가치도 없다. 남에게 나누어줄 때 비로소 가치가 있기 때문이다.

너무 지쳐서 웃음을 잃어버린 사람들도 있다.

그들에게 웃음을 나누어주자. 나누어줄 게 아무것도
없는 사람보다 더 웃음이 필요한 사람은 없다.

선생님의 약속

아이들이 긍정적이고, 웃음을 잃지 않으며,
서로 사랑하도록 가르칠 것이다.
아이들이 자연의 기적을 관찰하도록 가르칠 것이다...
새들의 노래, 아름다운 눈송이, 겨울 석양의 주황빛 노을.
아이들이 따뜻한 동료애를 느끼도록 가르칠 것이다.
그들에게는 쉽지 않은 일일 테니.
아이들이 모든 살아 있는 생명체를 친절히 대하도록
가르칠 것이다.
그들이 죄의식과 오해,
그리고 연민의 부족에서 벗어날 수 있도록.
아이들이 마음껏 웃고 울고,
아끼는 친구를 배려하며,
함께 어울리는 사람이 되도록 가르칠 것이다.
매일매일 아이들이 특별히 느끼도록 해줄 것이다.
내가 그들을 얼마나 좋아하는지,
아이들이 알 수 있도록 행동으로 보여줄 것이다.

영혼의 음악

일하는 시간을 가져라 - 성공을 위한 대가이다.

생각하는 시간을 가져라 - 힘의 원천이다.

노는 시간을 가져라 - 젊어지는 비결이다.

책 읽는 시간을 가져라 - 지혜의 기초다.

친화적인 사람이 되어라 - 행복에 이르는 길이다.

꿈꾸는 시간을 가져라 - 마차를 하늘로 끌고 가는 견인장치다.

사랑하는 시간을 가져라 - 신의 특권이다.

주위를 돌아보는 시간을 가져라 - 이기적으로 살기에는 하루가 너무 짧다.

웃는 시간을 가져라 - 영혼의 음악이다.

기초 없이 세운 집

삶에는 괴로울 때와 즐거울 때가 있다. 괴로움과 즐거움이 함께하고 서로 교차하는 가운데 몸과 마음이 연마된다. 괴로움과 즐거움이 끊임없이 함께하는 속에서 얻은 행복과 평화라야 생명이 길다. 깊은 고통을 체험하지 못한 사람은 결코 깊은 즐거움을 맛볼 수 없다. 고통 없이 거둔 성과는 기초 없이 세운 집 같아서, 언제든 무너져 내릴 수 있다. 삶은 괴로움과 즐거움이 하나되어 물 속을 떠내려가는 한 조각 나무가 아니다. 괴로움과 즐거움이 교대로 흘러가는 동안 숭고한 정신을 얻게 된다.

- 채근담

삶은 선물

삶은 선물이다.
언짢은 말을 내뱉기 전에,
벙어리라서 말조차 할 수 없는 사람을 생각하라.
음식 맛이 없다고 투정부리기 전에,
가난해서 먹을 게 없는 사람을 생각하라.
남편이나 아내에게 불평하기 전에,
동반자가 없어 실의에 빠져 있는 사람을 생각하라.
사는 게 힘들다고 하소연하기 전에,
젊은 나이에 일찍 세상을 떠난 사람을 생각하라.
아이들 때문에 힘들다고 화내기 전에,
아이를 갖고 싶어도 갖지 못하는 사람을 생각하라.
집이 좁고 지저분하다고 불만을 갖기 전에,
집이 없어 길거리에서 사는 사람들을 생각하라.
차를 몰고 출퇴근하는 거리가 멀다고 징징대기 전에,
같은 거리를 걸어다니는 사람을 생각하라.
업무에 지쳐 짜증날 때는,

일하고 싶어도 직장이 없는 사람들을 생각하라.

남을 비난하거나 손가락질하기 전에,

죄 없는 사람은 없다는 사실을 명심하라.

우울한 생각에 의기소침해질 때는,

미소 지으며 살아 있음을 감사하라.

삶은 선물이다 - 즐기고 축복하라.

시간

천년 앞을 보고 싶으면 오늘을 살피고,
억만 가지를 알고 싶으면 하나부터 살펴야 한다.

- 순자

따로따로 하루를 살자

한 주에는 단지 이틀만이 존재한다. 두려움과 불안에 떨며 걱정할 필요없는 이틀.

하루는 어제다. 그것은 온갖 실수, 잘못, 결점, 고통으로 점철되어 있다. 어제는 우리가 통제할 수 있는 곳 너머로 영원히 사라져버렸다. 전 세계의 모든 돈을 가지고서도 어제를 되돌릴 수 없다. 우리가 저지른 행위는 단 하나도 무효로 만들 수 없고, 내뱉은 말은 주워 담을 수 없다. 어제는 영원히 가버렸다.

다른 하루는 내일이다. 내일은 전혀 걱정할 필요가 없다. 그것은 무거운 짐이자 역경과 시시한 성과가 예견되는 한편으로, 장밋빛 약속의 땅이기도 하다. 내일 역시 우리의 즉각적인 통제를 벗어나 있다. 내일의 해는 찬란함 속에서든 먹구름 속에서든 반드시 떠오를 것이다. 해가 뜨기까지는 내일은 우리와 관련이 없다. 아직 시작되기 전이기 때문이다.

결국 오늘이라는 단 하루만 남는다. 누구든 단 하루의

날하고만 싸울 뿐이다. 두 개의 끔찍이 영원한 존재인 어제와 내일의 짐을 깨부술 때만 가능하다. 우리를 미치게 하는 것은 오늘의 경험이 아니다. 그것은 어제 일어난 일에 대한 회한과 괴로움, 그리고 내일 일어날지 모르는 일에 대한 두려움이다.

그러니 따로따로 하루를 살자.

삶은 경주가 아니다

회전목마 타는 어린아이를 지켜본 적 있는가?

빗방울이 땅을 때리는 소리를 들어본 적 있는가?

종잡을 수 없이 나는 나비의 비행을 따라가 본 적 있는가?

밤의 어둠 속으로 사라져가는 해를 바라본 적 있는가?

서둘지 말라.

너무 빨리 춤추지 말라.

시간은 짧다.

음악은 영원히 흐르지 않는다.

하루하루를 서두르며 살고 있지 않은가?

"안녕하세요?" 하고 인사하면서 상대방의 대답을 듣는가?

하루 일과를 끝내고 잠자리에 들 때,

온갖 잡생각이 머리를 짓누르지는 않는가?

서둘지 말라.

너무 빨리 춤추지 말라.

시간은 짧다.

음악은 영원히 흐르지 않는다.

"오늘은 시간이 없으니, 이건 내일 하자꾸나" 하고
아이에게 말하지는 않았는가?
그렇게 바쁘게 사는 속에서
아이의 슬픔을 보지 못했는가?
연락이 끊겨 우정이 사라지고 만 적은 없는가?
전화 걸어 안부 물은 시간조차 갖지 못했기 때문이다.
서둘지 말라.
너무 빨리 춤추지 말라.
시간은 짧다.
음악은 영원히 흐르지 않는다.
어딘가를 가기 위해 정신없이 달려가노라면,
여정의 즐거움을 반나마 잃어버리고 만다.
걱정하고 서두르며 하루를 보내면,
선물을 개봉하지도 않은 채 내다 버리는 꼴이다.
삶은 경주가 아니다.
서둘지 말라.
음악이 끝나기 전에 음악에 귀기울여라.

오늘 할 일을 내일로 미루지 말라

오늘 할 일을 내일로 미루지 말라.

지금 시작해도 너무 늦었다.

모두가 우리의 결정을 전적으로 지지하지는 않는다.

다른 무엇보다 자신에게 진실해야 한다.

인생에서 유일하게 중요한 것은

우리가 이곳 지상에서 보내는 시간 동안 이룬 것이다.

내면의 욕구를 두려워 말라.

그것은 우스꽝스럽거나 이기적인 게 아니다.

여유를 갖고 살아 있음을 느끼게 하는 일을 하라.

두려움과 후회는 과거 속에 남겨두어라.

그들이 있어야 할 자리는 과거다.

해결할 수 없는 일로 오늘을 망치지 말라.

평정심을 잃게 될 뿐이니,

어제나 내일을 지배하려 하지 말라.

꿈을 포기하거나 욕구를 잠재우지 말라.

그러면 삶의 여정이 끝나고 만다.

항상 새롭게 시작하고 꿈을 좇아가는 오늘이 있을 뿐이다.

결국 기억만이 남는다.

황혼이 다가왔을 때, 변명도 설명도 후회도 하지 말라.

시간의 가치

한 달의 가치를 깨닫기 위해서는 미숙아를 낳은 어머니에게 물어보라.

일 주일의 가치를 깨닫기 위해서는 주간 신문의 편집자에게 물어보라.

1시간의 가치를 깨닫기 위해서는 약속시간을 기다리는 연인에게 물어보라.

1분의 가치를 깨닫기 위해서는 기차를 놓친 사람에게 물어보라.

1초의 가치를 깨닫기 위해서는 가까스로 사고를 모면한 사람에게 물어보라.

1000분의 1초의 가치를 깨닫기 위해서는 올림픽경기에서 은메달을 딴 사람에게 물어보라.

오늘을 시작하며

오늘부터는 더 이상 어제를 걱정하지 않을 것이다.
어제는 과거이고, 과거는 결코 변하지 않는다.
나는 스스로의 결단과 선택에 의해서만 변할 수 있다.

오늘부터는 더 이상 내일을 걱정하지 않을 것이다.
내일은 자신을 최대한 이용해 주기를 기다리고 있을 뿐이다.
하지만 오늘을 최대한 활용하지 않고서는 내일의 희망은 없다.

오늘부터는 거울을 들여다보며 경의와 감탄의 눈길을 보낼 것이다.
나를 바라보는 이 유능한 사람은 내가 즐거이 시간을 함께 보내는 사람이고, 내가 더 잘 알고 싶은 사람이다.

오늘부터는 내 삶의 모든 순간을 소중히 여길 것이다.

세상이 내게 준 선물을 가치 있게 여기고, 그것을 사심 없이 남과 나눌 것이다.

다른 사람들의 삶을 풍요롭게 하는 데 선물을 사용할 것이다.

오늘부터는 익숙한 길에서 벗어나 마주치는 불가사의를 즐길 것이다.

용기와 결단력으로 도전에 마주할 것이다.

자기계발과 성장에 방해가 되는 장벽을 극복할 것이다.

오늘부터는 하루하루, 한 걸음 한 걸음 따로 내딛는 삶을 살 것이다.

긍정적인 자아상과 성공 의지, 사랑의 실천에 방해되므로, 결코 절망에 빠지지 않을 것이다.

오늘부터는 인간의 온정에 대한 새로운 믿음을 갖고 살아갈 것이다.

지나간 과거에 상관없이 더 밝고 더 좋은 미래가 올 것을 믿는다.

오늘부터는 정신과 마음을 열 것이다.

새로운 경험에 나서고, 새로운 사람을 만날 것이다.

나 자신이든 남이든 완벽하기를 기대하지 않을 것이다.
불완전한 세상에 완벽함이란 존재하지 않는다.

그러나 인간의 약점을 극복하려는 시도에는 박수를 보낼
것이다.

오늘부터는 스스로의 행복에 책임을 지고, 행복해지기
위해 애쓸 것이다.

자연의 아름다운 경이를 찬양하고, 좋아하는 음악을
듣고, 고양이나 강아지를 키우고...

즐거움은 가장 단순한 행위 속에서 발견될 수 있다.

오늘부터는 새로운 것을 배울 것이다.

지금까지 해온 것과는 다른 일을 시도할 것이다.

삶이 가져다주는 다양한 향기를 음미할 것이다.

스스로 할 수 있는 일은 바꾸고, 나머지는 놓아둘 것이다.

될 수 있는 한, 최고의 내가 되기 위해 힘쓸 것이다.

오늘부터는, 그리고 남은 인생 동안 매일매일을...

오늘은 특별한 시간

때로 우리는 자신만의 목표를 가지고 있음을 잊어버리곤
한다.
아무도 우리를 대신해 줄 수는 없다.
자신만의 꿈과 희망과 바람을 가져야 한다.
잠시 내면의 목소리에 귀기울여보자.

오늘 우리가 지니고 있는 모든 축복을 기억하자.
바라 보이는 사방 어느 쪽이든 아름답기 그지없다.
소유하고 있는 풍요로움을 즐기자.
세상은 경이로운 곳이고, 우리는 그 주인공이다.

나눌수록 더 얻게 된다는 사실을 명심하자.
세상은 우리 내면의 자아를 비추는 거울이다.
아낌없이 나누어줄 때라야, 사랑은 자신의 것이 될 수
있다.

삶은 창조임을 명심하자.

살아 있는 한, 우리는 자신의 특별한 목소리로 공헌할 수 있다.

오늘은 특별한 시간임을 명심하자.

할 수 있는 동안 최선을 다하자.

어떤 오늘을 살 것인가

오늘 아침 일찍 눈을 떴다. 시계가 자정을 가리키기 전에 해야 할 일에 한껏 들떠서. 먼저 어떤 하루를 가질지 선택해야 한다.

오늘 나는 비가 온다고 불평할 수도 있고, 공짜로 잔디에 물을 주었다고 감사할 수도 있다.

오늘 나는 돈이 많지 않아서 슬플 수도 있고, 재정 상태로 인해 현명한 소비 계획을 세우고 낭비를 하지 않게 되어 기쁠 수도 있다.

오늘 나는 건강에 대해 불평할 수도 있고, 살아 있음을 크게 기뻐할 수도 있다.

오늘 나는 유복하게 자라지 못했다고 부모님을 원망하며 비탄에 빠질 수도 있고, 세상에 태어나게 해준 부모님께 감사할 수도 있다.

오늘 나는 장미에 가시가 달렸다고 울 수도 있고, 가시나무에 장미꽃이 달린 것을 찬양할 수도 있다.

오늘 나는 친구가 없는 것을 한탄할 수도 있고, 새로운 일과 친구를 만드는 일에 적극 나설 수도 있다.

오늘 나는 일하러 가야 한다고 우는 소리를 낼 수도 있고, 일하는 직장이 있다고 기뻐 외칠 수도 있다.

오늘 나는 학교에 가야 한다고 불평할 수도 있고, 마음을 활짝 열고 지식과 모험의 세계를 받아들일 수도 있다.

오늘 나는 해야 할 집안일 때문에 낙심할 수도 있고, 정신과 육체, 영혼의 안식처를 고맙게 여길 수도 있다.

오늘은 작품이 되기를 기다리며 내 앞에 펼쳐져 있고, 나는 그것을 조형물로 만드는 조각가다.

어떤 오늘이 될지는 내게 달려 있다. 이제 나는 어떤 오늘을 가질지 결정할 것이다.

시간이라는 이름의 은행

매일 아침 큰돈이 입금되는 여러분 명의의 은행이 있다고 상상해 보세요.

하지만 하루도 수지균형을 맞출 수가 없습니다. 낮 시간 동안 발생한 적자는 저녁에 메꾸어야 합니다. 어떻게 하시겠어요? 물론 돈을 인출해야겠지요.

우리 모두가 하나씩 가지고 있는 은행의 이름은 바로 시간입니다.

매일 아침 86,400초가 입금됩니다. 저녁에는 적자를 갚아야 합니다. 좋은 일에 투자하지 못하면 손실은 더 커집니다. 대출은 허용되지 않습니다.

매일 새로운 시간이 입금되지만, 쓰고 남은 시간은 저녁이면 연기처럼 사라지고 맙니다. 그날 그날 예탁된 시간을 사용하는 데 실패하면, 손실은 고스란히 우리 몫입니다.

과거로 돌아갈 수는 없습니다. 내일의 시간을 미리 끌어올 수도 없습니다. 오늘 예금으로 하루를 살아야 합니다. 최상의 건강, 행복, 미래를 성취할 수 있도록 투자하십시오.

시계는 멈추지 않습니다. 오늘을 잘 활용하십시오.

꿈

희망이란 마치 땅 위의 길과 같다.
한 사람이 먼저 가고, 걸어가는 사람이 많아지면,
곧 길이 된다.

- 루쉰

작은 것이 세상을 바꾼다

한 곡의 노래가 순간에 불꽃을 지필 수 있고,
한 송이 꽃이 꿈을 일깨울 수 있다.
한 그루의 나무가 숲을 이루게 하고,
한 마리 새가 봄의 시작을 알린다.
한 번의 미소는 우정이 자라게 하고,
한 번의 악수는 영혼을 고양시킨다.
한 개의 별이 바다의 배를 인도할 수 있고,
한 마디 말이 목표의 뼈대가 될 수 있다.
한 표가 나라를 바꿀 수 있고,
한 줄기 햇살이 방을 훤히 밝힐 수 있다.
한 자루 촛불이 어둠을 쓸어내고,
한 차례 웃음이 침울함을 날려버린다.
한 걸음 내딛는 발걸음에서 여행이 시작되고,
한 마디 말에서 기도가 시작된다.
한 줄기 희망이 우리의 정신을 북돋우며,
한 번의 손길로 애정을 보여줄 수 있다.

한 마디 목소리가 지혜를 알릴 수 있으며,
하나의 가슴으로 진실을 판별할 수 있다.
한 사람의 삶이 큰 차이를 만들어낼 수 있다.

꿈

꿈은 우리를 위대하게 해준다. 위대한 사람들은 모두 몽상가들이었다.

그들은 봄날의 부드러운 아지랑이나 긴 겨울 밤의 벽난로 불빛 속에서 아른거리는 꿈을 보았을 것이다. 이러한 큰 꿈을 죽이고 마는 사람들도 있지만, 꿈이 자라게 하고 보호하는 사람도 적지 않다. 꿈은 어려운 시기를 거치면서 단련되고 마침내 밝은 빛을 얻게 된다. 그리고 그 꿈은 자신의 꿈이 실현되기를 간절히 바라는 사람이 이루는 것이다.

그러니 남이 우리의 꿈을 훔치지 못하도록 하자. 스스로의 노래를 부르고, 스스로의 꿈을 꾸고, 스스로의 희망을 갖자.

우리가 모르는 것

다른 사람이 언제 우리의 꿈을 배우게 될지 알 수 없다. 우리가 내뱉은 한마디 말이나 작은 행동이 언제 마음의 창을 열고 빛을 찾게 될지 결코 알 수 없다.

우리가 가르치는 방법은 중요하지 않을지 모른다. 하지만 그것이 중요하다는 것을 우리는 모른다.

우리를 통해 다른 사람의 삶이 더 넓고 더 밝게 변할 수 있다. 우리가 옳다고 믿는 것을 위해 힘쓸 가치가 있다.

우리가 가르치는 방법은 중요하지 않을지 모른다. 하지만 그것이 중요하다는 것을 우리는 모른다.

힘과 용기

강인해지는 데는 힘이 필요하다.
온화해지는 데는 용기가 필요하다.

경계하는 데는 힘이 필요하다.
경계심을 늦추는 데는 용기가 필요하다.

정복하는 데는 힘이 필요하다.
굴복하는 데는 용기가 필요하다.

확신하는 데는 힘이 필요하다.
의심하는 데는 용기가 필요하다.

조화를 이루는 데는 힘이 필요하다.
돋보이는 데는 용기가 필요하다.

친구의 고통을 느끼는 데는 힘이 필요하다.

자신의 고통을 느끼는 데는 용기가 필요하다.

자신의 고통을 감추는 데는 힘이 필요하다.
고통을 보여주는 데는 용기가 필요하다.

욕설을 견디는 데는 힘이 필요하다.
욕설을 멈추게 하는 데는 용기가 필요하다.

홀로서기하는 데는 힘이 필요하다.
서로 의지하는 데는 용기가 필요하다.

사랑하는 데는 힘이 필요하다.
사랑받는 데는 용기가 필요하다.

생존하는 데는 힘이 필요하다.
삶에는 용기가 필요하다.

희망

그것은 마법이고 자유다.
그것은 처방전 속에 있지 않다.
그것은 링거액 속에 있지 않다.
그것은 웃음을 피어나게 한다.
그것은 눈물 속에서 반짝인다.
그것은 슬픔을 진정시킨다.
그것은 두려움을 사라지게 한다.

희망이 무엇인지 아는가?
그것은 오늘을 있게 해준 것이다.
그것은 내일을 꿈꾸는 것이다.
그것은 새로운 길을 찾는 것이다
그것은 과거를 불가능한 세계로 밀어내는 것이다.
그것은 문을 두드리는 것이다.
그것은 답을 구하는 질문이다.
그것은 늘 더 많은 것을 찾게 한다.

그것은 돌파구를 찾았다는 소문이다.

그것은 치료를 위한 속삭임이다.

그것은 구제와 불확실 사이의 롤러코스터다.

희망이 무엇인지 아는가?

그것은 영혼을 위한 사탕이다.

그것은 정신을 위한 향수다.

그것은 함께 나누면 완벽해지는 것이다.

삶은 우리 이력서

마음의 내면에서 끊임없이 피어오르는 생각에서 벗어날 방도는 없다.

자신의 진실한 감정을 숨기거나 마음의 비밀을 보여주지 않을 도리는 없다.

우리의 정신이 안내하지 않는 곳으로 운명을 거스르며 이 넓은 세상을 여행할 방법은 없다.

삶은 우리의 이력서다. 아무도 자신이 아닌 다른 사람이 될 수는 없다.

모든 사람에게서 발견되는 각각의 아름다움은 삶의 정수다. 우리가 언제나 변함없는 우리 자신임은 자명하다.

그러니 자신을 감추려 하지 말고, 적극 표현하자.

대나무처럼

한순간에 무너질 것 같은 느낌을 가진 적 없는가? 한계점에 와 있다고 느낀 적은 없는가? 다행히, 당신은 그 같은 생존 경험에서 살아 남았다. 그 속에서 아마도 당신은 건강을 위협하는 복잡미묘한 감정을 느꼈을 것이다. 감정적 정신적으로 탈진하고, 불쾌한 신체적 증상을 겪었을 것이다.

삶은 좋은 시절과 불행한 시절, 행복한 순간과 불행한 순간의 혼합물이다. 한계점으로 몰아가는 불행한 시절이나 불행한 순간을 겪게 될 때는, 구부릴지언정 부러지지 말라. 상황에 지지 않도록 최선을 다하라.

희망은 불쾌한 시련을 이겨내도록 돕는다. 더 나은 내일이 올 것이라는 희망이 있기에 상황이 생각처럼 나빠지지 않는지도 모른다. 최종 결과가 가치 있을 것 같으면 불쾌한 시련에 대처하기가 한결 쉽다.

상황이 어렵고 한계점에 있을 때는 탄력성을 보여라. 대나무처럼 구부릴지언정 부러지지 말라.

삶을 붙들어라

비록 한줌 흙일지라도
선한 것을 지켜라.
비록 홀로 서 있는 한 그루 나무일지라도
자신의 신념을 지켜라.
비록 먼 곳에 있는 일이어도
해야 할 일을 놓치지 말라.
비록 놓치기 쉽더라도
삶을 붙들어라.
비록 내가 떠나간 뒤에라도
내 손을 잡아라.

- 푸에블로 인디언의 기도

동행

삶은 기적이니, 의미 없이 흘려보내지 말라.
다른 사람에게 마음의 문을 열고, 매일 최선을 다하라.
출신에 관계없이 사람의 장점을 보라.
삶의 여정이 힘들어 친구가 꼭 필요한 사람이 있다.

재능과 소유물을 함께 나누고, 마음의 소리에 귀기울여라.
당장이라도 평소에 꿈꾸어온 일을 하라.
꽃다발을 만들어 좋아하는 사람에게 선물하라.
삶이 항상 공평한 것은 아닌 법이니, 너그러움과 관용을
베풀라.

언제든 필요할 때 발휘할 수 있는 큰 용기를 지녀라.
사람은 누구나 삶의 짐을 지고 산다.
더러는 매우 무거운 짐일 수도 있다.
세상 이디를 떠돌는 이 모든 것을 실천하며 살 수 있으면,
삶이 빛날 때도 흐릴 때도 외롭지 않을 것이다.

지도자의 자세

높은 자리를 추구하지 않고 재능과 열정을 다해 봉사하는 지도자는 축복이다.

목표가 무엇인지 그리고 그 의미와 실천하는 방법을 잘 아는 지도자는 축복이다.

좌절을 모르는 지도자는 축복이다. 그들은 변명을 늘어놓지 않는다.

독선 없이 민주적으로 이끌 줄 아는 지도자는 축복이다. 참된 지도자는 겸손하다.

자신이 봉사하는 사람들을 위해 최선을 다하는 지도자는 축복이다.

스스로의 개인 만족이 아니라 조직원 모두의 이익을 위해 일하는 지도자는 축복이다.

지도자를 키우는 지도자는 축복이다.

성공으로 가는 길 안내판을 바르게 판독해 조직원과 함께 나아가는 지도자는 축복이다.

머리는 구름 위에 두고 발은 땅을 딛고 서는 지도자는

축복이다.

지도력을 봉사의 기회로 여기는 지도자는 축복이다.

인류의 운명은 어린이 손에

어린이는 우리가 시작한 일을 실행할 사람이다. 우리가 앉아 있는 자리에 앉게 되고, 우리가 세상을 뜨고 나면 중요한 일을 떠맡을 것이다.

우리 마음대로 정책을 채택할 수는 있지만, 그것의 성취 정도는 어린이한테 달려 있다. 그들은 우리가 사는 도시와 국가를 통제하게 될 것이다.

그들은 우리의 교회, 학교, 대학, 회사를 물려받을 것이다. 우리가 쓴 책을 칭찬하거나 비판하는 것도 그들이다. 인류의 운명은 어린이 손에 달려 있다.

– 에이브러햄 링컨

세상이 함께 쓴 삶의 지혜

인생

2016년 7월 1일 초판 1쇄 찍음
2016년 7월 11일 초판 1쇄 펴냄

지은이   전인류
기 획   문화집단 내일
디자인   그루아트(이수현, 이지혜)
         gruart1@gmail.com

펴낸이   이상
펴낸곳   가갸날
주 소   10386 경기도 고양시 일산서구 강선로 49 BYC 402호
전 화   070 8806 4062
팩 스   0303 3443 4062
이메일   gagyapub@naver.com
블로그   blog.naver.com/gagyapub

ISBN   979-11-956350-4-7 03190
이 도서의 국립중앙도서관 출판예정도서목록(CIP)은 서지정보유통지
원시스템 홈페이지(http://seoji.nl.go.kr)와 국가자료공동목록시스템
(http://www.nl.go.kr/kolisnet)에서 이용하실 수 있습니다.(CIP제어번호:
CIP2016014992)